财会人员
实务操作丛书

现代服务业会计实操技能

主　编　陈　洁

副主编　苏景丽　邓　伟

中国人民大学出版社

·北京·

图书在版编目（CIP）数据

现代服务业会计实操技能 / 陈洁主编. -- 北京：中国人民大学出版社，2021.6
（财会人员实务操作丛书）
ISBN 978-7-300-29375-2

Ⅰ.①现… Ⅱ.①陈… Ⅲ.①广告业—会计 Ⅳ.①F713.8

中国版本图书馆 CIP 数据核字（2021）第 086430 号

财会人员实务操作丛书
现代服务业会计实操技能
主　编　陈　洁
副主编　苏景丽　邓　伟
Xiandai Fuwuye Kuaiji Shicao Jineng

出版发行	中国人民大学出版社		
社　　址	北京中关村大街 31 号	**邮政编码**	100080
电　　话	010－62511242（总编室）		010－62511770（质管部）
	010－82501766（邮购部）		010－62514148（门市部）
	010－62515195（发行公司）		010－62515275（盗版举报）
网　　址	http://www.crup.com.cn		
经　　销	新华书店		
印　　刷	北京昌联印刷有限公司		
规　　格	185 mm×260 mm　16 开本	**版　　次**	2021 年 6 月第 1 版
印　　张	11.5	**印　　次**	2021 年 6 月第 1 次印刷
字　　数	262 000	**定　　价**	36.00 元

前言

企业的会计工作烦琐而复杂，不同行业的经济业务又各有其特点，我国《企业会计准则》虽然统一了企业的一般性、共同性会计核算的标准和规范，但对于不同行业、不同的经济业务，则需要会计工作者根据具体业务，按照《企业会计准则》的要求做出专业的职业判断和会计处理。为了方便读者了解不同行业的业务特点，快速熟悉不同行业会计核算的业务内容，编制分行业企业会计实训教材就显得尤为必要。

本书根据现代服务业（广告业）企业自身的业务特点，将广告业企业划分为设计制作类、媒体服务类和综合服务类，并在此基础上根据各类型企业的业务特点，设计了主要的经济业务，从而反映广告业企业会计实训的主要知识点，使读者通过会计实训，了解广告业企业中设计制作类广告、媒体服务类广告、综合服务类广告的主要工作内容，熟悉各类经济业务，掌握主要核算内容和方法，提高执业能力。

本书具有以下特点：

1. 以提高职业能力为主线，强化执业能力的培养

本书以现代服务业（广告业）企业业务内容为主导，反映了广告业企业会计核算的基本内容。通过学习，读者可以掌握广告业企业会计核算的相关知识点，提高会计执业能力。

2. 突出广告业企业会计核算特点，实训步骤清晰，可操作性强

本书的案例采集于广告业企业经常发生的典型经济业务，突出了设计制作类广告、媒体服务类广告及综合服务类广告会计核算的特点。通过学习，读者可以了解不同类型广告业务的内容，在实训中熟悉不同类型广告业务的会计核算及其工作步骤，增强感性认知。通过模拟练习，为读者营造真实的会计核算工作环境，为上岗工作奠定基础。

本书共分为上、下两篇。上篇中的项目一为“广告业会计核算概述”，主要介绍广告业的概念及广告业企业类型；项目二“广告业会计核算的内容与方法”，主要介绍广告业会计核算的内容和方法。下篇中的项目三“企业期初资料概况”，主要介绍企业基本情况、企业上月末有关账户余额表、企业上年末有关报表资料、企业常用科目、广告业企业财务制度和会计核算方法等；项目四“第一季度经济业务的会计处理”，主要介绍广告业企业一般的会计业务处理事项和预交企业所得税的核算；项目五“第二季度经济业务的会计处理”，主要介绍广告业企业固定资产的核算、代理媒体广告业务的核算、代理制作广告业务的核算，以及企业所得税的汇算清缴等；项目六“第三季度经济业务的会计处理”，主

要介绍广告设计业务的核算、广告业服务业务的核算等；项目七“第四季度经济业务的会计处理”，主要介绍互联网广告业务核算、户外广告发布的核算等；项目八“企业所得税汇算清缴”，主要介绍企业纳税申报、纳税调整的方法及报表的填报方法等；项目九“广告服务行业税务问题汇编”主要介绍广告服务行业税务问题汇编、应对税务稽查和风险管控等。

本书编写人员及分工如下：项目一由陈洁编写，项目二由邓伟编写，项目三、项目四、项目五由苏景丽、刁凡共同编写，项目六由熊益编写，项目七由蒋娅茜编写，项目八由邓伟、王艳芳共同编写，项目九由苏景丽、王小冬共同编写。邓伟负责全书的票据和图表的制作，苏景丽负责本书的校对。全书由陈洁统撰，蒋泽生定稿。

本书可作为高职高专会计专业的配套实训教学用书，也可作为会计培训机构的实训教材，还可作为企业会计上岗培训的教学用书。

由于我们的时间和精力有限，教材中难免存在缺点乃至谬误，恳请广大读者批评指正。

编者

目 录

上篇　基础知识

项目一　广告业会计核算概述 …… 3

一、广告业的概念 …… 3

二、广告业企业类型 …… 3

项目二　广告业会计核算的内容与方法 …… 5

一、广告业会计核算的内容 …… 5

二、广告业会计核算的方法 …… 7

下篇　实训操作

项目三　企业期初资料概况 …… 13

一、企业基本情况 …… 14

二、企业上月末有关账户余额表 …… 18

三、企业上年末有关报表资料 …… 19

四、企业会计科目设置 …… 22

项目四　第一季度经济业务的会计处理 …… 25

一、1月会计业务处理 …… 26

二、2月会计业务处理 …… 44

三、3月会计业务处理 …… 49

项目五 第二季度经济业务的会计处理 …… 57
一、4 月会计业务处理 …… 58
二、5 月会计业务处理 …… 71
三、6 月会计业务处理 …… 78

项目六 第三季度经济业务的会计处理 …… 87
一、7 月会计业务处理 …… 88
二、8 月会计业务处理 …… 94
三、9 月会计业务处理 …… 109

项目七 第四季度经济业务的会计处理 …… 117
一、10 月会计业务处理 …… 118
二、11 月会计业务处理 …… 126
三、12 月会计业务处理 …… 130

项目八 企业所得税汇算清缴 …… 143
一、企业所得税年度纳税申报表 …… 144
二、企业所得税年度纳税申报明细表 …… 149

项目九 广告服务行业税务问题汇编 …… 161
一、广告服务行业增值税问题汇编 …… 161
二、广告服务行业企业所得税问题汇编 …… 166
三、广告服务行业征收管理问题汇编 …… 172
四、广告服务行业个人所得税问题汇编 …… 174

主要参考文献 …… 175

上篇　基础知识

项目一

广告业会计核算概述

一、广告业的概念

广告业是指利用图书、报纸、杂志、广播、电视、路牌、电影、幻灯、招贴、橱窗、霓虹灯、灯箱等形式为介绍商品、经营服务项目、文体节目或通告、声明等事项所做的宣传和提供劳务服务的业务。

广告业主要可以划分为广告服务和设计服务。广告服务，包括广告的策划、设计、制作、发布、播映、宣传、展示、媒体服务等。设计服务，包括工业、造型、服装、环境、平面、包装、动漫、展示、网站、机械、工程、广告等设计，创意策划，文印晒图等。

二、广告业企业类型

（一）设计制作类企业

设计制作类企业是指从事影视、广播、霓虹灯、路牌、印刷品、礼品、灯箱、布展等广告设计和制作的企业。这类企业的资质标准如下：

（1）与广告经营相适应的经营管理人员、设计人员、制作人员（以上人员均须取得广告专业技术岗位资格证书）、财会人员，其中专业人员应具有大专上以学历的，且不少于从业人员的1/2。

（2）与广告经营范围相适应的资金、设备、器材和场地，经营场所不小于40平方米，制作场所因广告制作内容而定。

（3）与广告经营范围相适应的经营机构和广告经营管理制度。

（4）专职广告审查人员。

（二）媒体服务类企业

媒体服务类企业是指利用电视、广播、报纸等新闻媒介发布广告的单位。这类企业的资质标准如下：

（1）是可以直接发布广告的媒介。

（2）有与广告经营范围相适应的经营管理人员、编审技术人员（以上人员均须取得广告技术岗位资格证书）、财会人员，有相应的广告经营管理制度。

（3）有专门的广告经营机构和经营场所，经营场所面积不小于20平方米。

（4）有专职广告审查人员。

（5）广告费收入单独立账。

（三）综合服务类企业

综合服务类企业是指具有提供设计制作和全面代理服务能力的综合型广告企业。它包括有限责任公司、股份有限公司、中外合资经营、中外合作经营等经济形式。这类企业的资质标准如下：

（1）有与广告经营相适应的经营管理人员、策划设计人员、制作人员、市场调查人员（以上人员均须取得广告专业技术岗位资格证书）、财会人员，其中专业人员应具有大专以上学历，且不少于从业人数的2/3。

（2）有与广告设计、制作、代理业务相适应的资金设备和经营场所，注册资本不少于50万元人民币，经营场所不小于100平方米。

（3）有与广告经营范围相适应的经营机构及广告经营管理制度。

（4）有专职广告审查人员。

项目二

广告业会计核算的内容与方法

一、广告业会计核算的内容

广告企业会计是以广告企业为主体的一种行业会计。它以货币为主要计量单位，按照现行会计法规体系的要求，运用一整套专门的核算方法，对广告企业的经营活动进行全面、连续、系统的核算和监督；通过及时、准确、全面地记录和反映企业的财务状况与经营成果，为企业提供真实、有效的会计资料，帮助企业管理者进行经营决策。

广告企业的业务主要涉及媒体广告发布代理业务、广告制作代理业务、户外广告发布业务、广告设计服务业务、会议展览广告服务业务、互联网广告业务等。广告企业会计核算的内容主要表现在以下几个方面。

（一）存货的核算

广告公司作为一个服务性企业，其主要业务是向客户提供与广告业务有关的服务。与其他服务性企业相比，广告公司属于知识技术密集型服务企业，它所提供的不是简单的、低智力的、低技术的服务，而是高度复杂的，具有很高的创造力的服务。对于广告公司而言，具有丰富的专业知识和高度创造力的人才是企业的重要资源。相反，材料等存货在企业流动资产中比重较小，其核算也比较简单，有些广告公司甚至不核算材料（纸张、胶片、胶卷、颜料），而是在购入时直接计入相应的营业成本或期间费用。如果领用材料直接用于某一广告业务项目的调查、策划、设计、制作和发布等，则可将领用材料的价值确认为营业成本；如果是营业部门领用，但并不直接用于某一广告业务项目，或者无法分清用于各业务项目的具体数量，可将其确认为销售费用；如果管理部门领用则可确认为管理费用。

（二）固定资产的核算

作为技术密集型服务企业，先进的设备，特别是现代化的计算机设备等，在广告公司的固定资产中占有很大的比重，这些设备的更新换代频繁，因而这些设备折旧期限较短，速度较快。相对而言，房屋等在固定资产中不占重要位置，大多数广告公司都租用营业用房和办公用房。

（三）预收账款和预付账款的核算

广告公司的预收账款和预付账款金额较大。在许多情况下，客户委托广告公司从事广告调查、广告策划、广告设计、广告制作，广告代理需要预付一部分费用，有的甚至会预付全部费用。例如，有些广告媒介，特别是大的电视台、报纸等，由于广告客源很多，而版面有限，广告公司要想在这些媒体上为客户发布广告，必须预付一部分甚至全部费用。

（四）营业收入的核算

广告公司的营业收入的核算具有一定的特殊性，接受客户委托从事代理业务，并非只有广告公司。大多数情况下，企业都是按取得的代理手续费收入确认营业收入。广告公司从事广告代理业务，应按客户支付的全部价款，包括应向广告发布者支付的广告发布费用，而不仅仅是广告公司实际取得的代理佣金来确认营业收入。在实际缴纳增值税时，应当按实际取得的佣金收入额，即广告公司向客户收取的全部价款减去应向广告发布者支付的发布费用后的净额，作为计算应纳增值税的依据。

（五）成本、费用的核算

广告公司的成本、费用的核算也具有一定的特殊性。广告公司接受委托从事广告活动，其所发生的与该广告活动有关的各项支出，如广告的市场调查费用、广告的制作成本、支付给广告发布者的发布费用等，均应计入广告公司的营业成本，除此之外的其他费用，则计入广告公司的期间费用。广告公司的期间费用包括销售费用、管理费用和财务费用。如前所述，广告公司是一种知识技术密集型的服务性企业，因此人工费用在广告公司的期间费用，特别是在销售费用中，占有较大比重。

（六）文化事业建设费的核算

《财政部 国家税务总局关于营业税改征增值税试点有关文化事业建设费政策及征收管理问题的通知》（财税〔2016〕25号）规定，在中华人民共和国境内提供广告服务的广告媒介单位和户外广告经营单位，应按照本通知规定缴纳文化事业建设费。

广告设计、策划属于设计服务，实物广告牌制作属于广告设计与制造，不属于广告服务，无须缴纳文化事业建设费。其他广告制作一般是广告发布的其中环节，需要缴纳文化事业建设费。广告服务业务新增广告影视服务、广告代理，需要缴纳文化事业建设费。

缴纳文化事业建设费的单位（以下简称“缴纳义务人”）应按照提供广告服务取得的计费销售额和3%的费率计算应缴费额，计算公式如下：

应缴费额＝计费销售额×3%

计费销售额，为缴纳义务人提供广告服务取得的全部含税价款和价外费用，减除支付给其他广告公司或广告发布者的含税广告发布费后的余额。

缴纳义务人减除价款的，应当取得增值税专用发票或国家税务总局规定的其他合法有效凭证，否则，不得减除。

二、广告业会计核算的方法

（一）户外广告的会计核算

按照广告形成的过程，户外广告的核算过程可分为户外广告制作费用、户外广告制作成果两部分。

户外广告是广告经营者接受广告客户的委托，进行广告的策划、设计、制作、安装，通过招牌、灯箱、电子屏幕、旗帜等媒介直接或间接地介绍所要推销的商品或所要提供的劳务的行为，它有着不同于普通产品或劳务的特点。

（1）广告公司制作的灯箱、电子屏幕等不是为了出售，而是为了吸引客户利用这种媒介做广告宣传，收取一定的广告费，属于自有的财产物资。

（2）它制作的宣传画面既是一种产品，也是一种服务，其成果为客户所有。

（3）安置灯箱、招牌等需支付一定的占地使用费、路段费，制作宣传画时还会涉及知识产权等问题。

总之，户外广告较一般产品复杂得多，会计的确认要遵循其特点进行。

根据《企业会计准则》对资产、费用、成本的定义，资产是过去的交易或事项形成并由企业拥有或控制的资源，该资源预期会给企业带来经济利益。费用是指企业为销售商品、提供劳务等日常活动所发生的经济利益的流出。成本是指企业为生产产品、提供劳务而发生的，可归集到产品对象上的各种耗费。户外大型广告招牌、灯箱、霓虹灯等实物，均属于资产性质，并可进一步划分为固定资产、低值易耗品等。为客户制作的画面等宣传物支出，视受益期长短确认为长期待摊费用或本期费用。依据权责发生制的原则，费用可以划分为收益性支出和资本性支出，购置的低值易耗品，支付的水电费、人员的工资等属于收益性支出，应计入当期费用，固定资产、无形资产属于资本性支出，每期计提折旧或进行费用摊销。

1. 户外广告制作费用的核算

（1）设置反映广告制作特点的会计账户。广告制作过程的核算应设置“广告制作”账户，核算广告公司制作灯箱、霓虹灯、招牌、电子屏幕时所发生的与制作有关的各项设计费、材料费、人工费以及借款利息等费用；户外广告、电视广告、礼品广告等进行成本核算均可通过该账户核算。

（2）明确区分实体制作与画面内容制作的关系。广告公司有多种经营模式，一种情况是先做好户外实体，然后招商，按客户要求策划、设计、制作广告内容；另一种情况是户外实体与广告内容均按客户的特殊要求制作。在核算时，第一种情况必须分别计入有关明细科目，由于户外实体往往使用时间要在一年以上，费用必须按期摊销；而广告内容的制作因客户的需求而定，如果无客户，则无此费用。因而两者发生的费用在摊销时不可能一致。

（3）制作过程及以后各期所支付的占地使用费应计入“长期待摊费用”。实务中，广告公司一般是分期支付占地使用费，合同中均明确了占地时间，有一年、两年的，多数在五年以上，到期没有特殊原因，公司会续租，继续使用。由于各期入账价值不能准确计量，因此分期支付的占地费不应作为资本性支出处理，只能在每年分期支付占地费时，先计入当期费用账户，然后按照配比原则，分期摊入成本费用账户。

2. 户外广告制作成果的核算

由于制作成果的表现形式较为复杂，可以按用途和产权划分以下情形核算。

（1）整体为客户特别制作，所有权为广告公司所有。此类广告多数规模较大、成本高、使用时间超过两年，如许多城市高层建筑上悬挂的大型广告招牌。此类广告通常是客户按要求分期支付广告使用费，合同到期，可续约也可终止使用，广告公司有权收回广告招牌。广告公司在制作完成时，第一步，将费用由“广告制作”科目转入“固定资产”科目；第二步，借记“应收租赁款”（租金＋担保余值）、“未担保余值”科目，贷记“固定资产”（账面值）、“未确认融资收益”（借方与贷方之差）科目；第三步，按期收取租金和摊销未确认融资收益时，借记“银行存款”“未确认融资收益”科目，贷记“应收租赁款”“其他业务收入”科目。

（2）广告实体与广告内容分别制作。首先，广告公司统一规划制作好灯箱、招牌后（多数集中在市区主要路段，可美化市容，成批生产），相关费用即可由“广告制作”转入“固定资产”或“低值易耗品”账户；其次，与客户洽谈，依客户要求制作广告具体内容，加工完成由“广告制作”科目转入“长期待摊费用”科目（以广告的合同时间为入账时间）；最后，按期计提折旧、摊销费用（以各自合理受益期为准），记入“营业成本”（有确定客户，与收入配比）、“营业费用”（无客户）科目。

（3）小型户外广告，由于成本较低，数量较少，发生的费用则直接计入“营业成本”账户，如宣传画、招贴小报。

（二）广告代理业务的会计核算

广告代理业务指的是广告代理方（广告经营者）在广告被代理方（广告主）所授予的权限范围内开展一系列的广告活动，就是在广告客户、广告公司与广告媒介三者之间，确立以广告公司为核心和中介的广告运作机制。实行广告代理制，可以使广告业内部形成良性运行秩序，最大限度地发挥广告主、广告公司与媒体的长处。

1. 广告代理业务收入的会计核算

在广告活动进行完毕之后，广告公司必须向广告主收取广告费用。服务费式和买断式代理是广告代理公司中常见的营业收入方式。

服务费式代理制，即广告公司以广告业主的名义发布广告，广告发布后广告公司只收取代理服务费。这种方式下，广告业主和广告公司共同承担风险。这种经营方式的结果，从机制上迫使广告业主和广告公司共同关心市场，一损俱损，一荣俱荣，成为利益共同体。

买断式代理制，即广告公司向广告业主收取一定的广告费用（或预付一定比例的广告费）后，以广告公司的名义发布广告，自行定价，自行发布广告，自负盈亏。

取得代理广告收入时，借记“库存现金”“银行存款”“应收账款”等科目，贷记“主营业务收入——广告收入”科目。

2. 广告代理业务成本的会计核算

广告业实际就是服务业，成本核算要遵循配比原则，确认收入的同时，按照配比原则确认相应的成本，根据公司业务特点进行设置即可。成本包括原材料、承租广告位置的租赁费或租用土地的租金、配合广告照明的电费、人工成本（工资）、固定资产折旧、水电费、人员工资、福利费、差旅费、交通费、通信费，以及其他与主营业务直接相关的成本。

（1）广告制作成本：广告制作中发生的材料费、人工费等费用。

（2）活动组织成本：组织活动策划时发生的费用，如场地租金、劳务费。

（3）媒体传播成本：设计制作成本，支付给媒体、载体的广告发布费。

取得代理广告收入而发生的相关广告成本或代理成本时，借记“主营业务成本——广告成本”科目，贷记“库存现金”“银行存款”“应付账款”等科目。

下篇　实训操作

项目三

企业期初资料概况

实训目的

将理论知识与实践相结合，进一步巩固、深化已经学过的理论知识，提高综合运用所学知识的能力，培养发现问题、解决问题的能力。

实训内容

企业基本情况，企业组织机构，企业财务制度和内部会计核算办法，企业上月末有关账户余额表和明细账资料，上年末有关报表资料。

实训要求

熟悉企业基本情况，了解企业经济活动类型，了解岗位分工，为整个实训工作做好准备。

一、企业基本情况

（一）企业基本信息

企业名称：大连嘉平广告传媒有限公司

经济类型：有限公司

企业地址：大连市旅顺口区阳光公寓 1229 室

法人代表：张涛

注册资金：200 万元

经营范围：从事广告设计、代理、制作、发布，企业管理咨询，企业形象策划，计算机软件技术开发，网站建设，会议服务等

注册时间：20××年 1 月 1 日

税务机关：国家税务总局大连市旅顺口区税务局

纳税人识别号：912101157763612 17H

开户银行：中国工商银行大连呼家楼支行

银行账号：0302100001813

大连嘉平广告传媒有限公司（以下简称“嘉平广告”）是一家集广告设计、制作、代理于一体的专业性广告策划公司。公司致力于企业形象策划、计算机软件技术开发、网站建设等业务。尽管成立时间不长，但嘉平广告凭借其完善的广告服务体系、独特的设计思路，为客户提供企业文化建设和品牌提升方案而迅速在广告市场打下根基。

公司位于辽宁省大连市，注册资本 200 万元，服务对象以大连市为中心并遍布全国。嘉平广告深刻理解“以客户为中心”的含义，将“服务”贯穿于公司运作和管理的每一个细节，以其独具匠心的策划思维、别具一格的品牌设计为各行各业的企业服务，并得到了客户的肯定。

（二）企业组织机构

企业组织结构如图 3－1 所示。

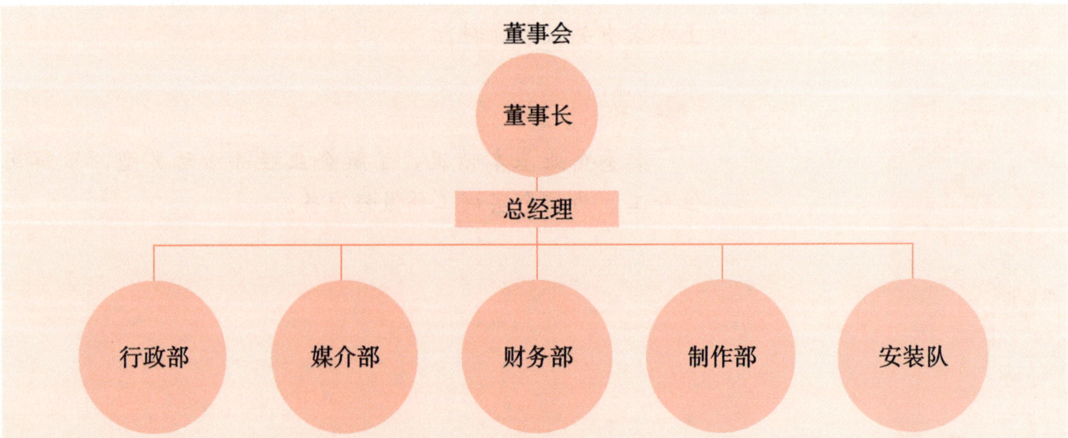

图 3－1 企业组织结构图

企业人员分布如表 3－1 所示。

表 3－1　企业人员分布表

部门	姓名	职务
行政部	张涛	总经理
	丁森	行政主管
	万兰	文秘
媒介部	严伟	业务主管
	丰元	业务员
	于绍东	业务员
	任军	业务员
	关竹月	业务员
	傅超	业务员
财务部	唐钢	财务主管
	李丽	会计
	王欢	出纳
制作部	冯承	生产主管
	刁方宁	设计人员
	邢亮	设计人员
	吴志娟	设计人员
	刘义民	生产人员
	卢昆	生产人员
安装队	吕鑫	安装人员
	吴志	安装人员

（三）企业财务制度及内部会计核算办法

企业财务制度及内部会计核算方法如表 3－2 所示。

表 3－2　企业财务制度及内部会计核算方法

会计准则	公司执行《企业会计准则》。
存货发出计价	根据存放地点分仓核算，采用月末一次加权平均法，年末依据商品类别按可变现净值与账面价值孰低原则调整账面价值。
固定资产折旧	采用平均年限法；减值准备均按 5%计算；当月增加的资产当月不提折旧，当月减少的资产，当月照提折旧；采用税法规定的最低折旧年限。
低值易耗品	定义：超过 1 年，单个资产价值大于（含）200 元且小于（含）2 000 元。 用途：家具、办公用品、工器具、劳防用品、仪器仪表、金属餐具、摆设挂件、玻璃瓷器器皿等。 采购流程：由购置部门申请，管理部门拟定采购计划，经财务部审核，报送总经理批准进行采购。 核算：采用五五摊销法核算，物料用品采用一次性摊销法摊销。
无形资产摊销	采用直线法，自无形资产使用之日起在有效期限内分期摊入管理费用。
装修支出	记入“长期待摊费用”科目，从次月开始按三年摊销。
借款利息	当月计提下月扣缴。

财务岗位设置：

唐钢：财务主管，负责财务科全面工作，审核记账凭证。

李丽：会计，负责编制记账凭证、登记账簿及编制报表工作。

王欢：出纳，负责出纳日常工作。

个人所得税的起征点是5 000元，使用超额累进税率的计算方法计算个人所得税，由公司在工资中扣除代为缴交。五险一金计提表如表3-3所示。

表3-3 五险一金计提表

险种	公司缴纳比例（%）	个人缴纳比例（%）	合计比例（%）
养老保险	19	8	27
医疗保险	11	2	13
失业保险	1	0.5	1.5
生育保险	0.5	0	0.5
工伤保险	0.2	0	0.2
住房公积金	11	11	22

（四）企业涉税费

企业涉税费表如表3-4所示。

表3-4 企业涉税费表

税种	缴纳时间	基本计算公式	税率
增值税	次月15日前缴纳	销项税额－进项税额－减免税额	6%
城建税	当月计提，次月15日前缴纳	应交增值税×7%	7%
教育费附加	当月计提，次月15日前缴纳	应交增值税×3%	3%
地方教育附加	当月计提，次月15日前缴纳	应交增值税×2%	2%
印花税	合同贴花，当月计提，下月15日前缴纳	合同金额×0.05%	合同：0.05%
文化事业建设费	次月15日前缴纳	计费销售额×3%	3%
个人所得税	当月计提，次月15日前缴纳	应纳税所得额×税率－速算扣除数	七档
企业所得税	3，6，9，12月计提；1，4，7，10月在15日前缴纳	应纳税所得额×25%	25%

备注：“计费销售额”为纳税人提供广告服务取得的全部含税价款和价外费用，减除支付给其他广告公司或广告发布者的含税广告发布费后的余额。缴纳义务人减除价款的，应当取得增值税专用发票或国家税务总局规定的其他合法有效凭证，否则，不得减除。

2019年，根据国务院部署，为进一步完善税制，支持制造业、小微企业等实体经济的发展，持续为市场主体减负，从2019年4月1日起，实施以下深化增值税改革措施：

一是适当降低增值税税率水平。将制造业、商贸企业等行业增值税税率从16%降至13%；将交通运输、建筑、基础电信服务等行业及农产品等货物的增值税税率从10%降至9%，包括房地产、不动产租赁等行业。

二是统一增值税小规模纳税人标准。将工业企业和商业企业小规模纳税人的年销售额标准由50万元和80万元上调至500万元，并在一定期限内允许已登记为一般纳税人的企业转登记为小规模纳税人，让更多企业享受按较低征收率3%计税的优惠，包括个体工商户。

三是对装备制造等先进制造业、研发等现代服务业符合条件的企业和电网企业在一定时期内未抵扣完的进项税额予以一次性退还。

上述改革实施后，增值税16%、10%、6%三档税率调整为13%、9%、6%。

（五）企业供应商信息

企业供应商信息如表 3－5 所示。

表 3－5　企业供应商信息

企业名称	税号	类型	纳税类型	行业
当当网信息技术有限公司	91110000600065238C	有限责任公司	一般纳税人	商品流通业
大连中凯办公用品批发中心	912101125054339276	有限责任公司	一般纳税人	商品流通业
大连市四环加油站	91210212118666787F	有限责任公司	一般纳税人	批发和零售业
北京浩天科技开发有限公司	911101080356921101	国有企业	一般纳税人	工业
大连天龙广告传媒有限公司	91210211105241205W	有限责任公司	一般纳税人	广告、会展服务业
四川省泰兴广达酒店管理有限公司	91510028645763191R	有限责任公司	一般纳税人	住宿餐饮业
大连日报传媒有限公司	91210128866321556R	有限责任公司	一般纳税人	文化娱乐业
大连依雅文化有限公司	91210102261386399E	有限责任公司	一般纳税人	商品流通业
大连北方文化传媒有限公司	91210101222019336B	有限责任公司	一般纳税人	文化娱乐业
大连鑫彩广告有限公司	912101132756341881	有限责任公司	一般纳税人	广告、会展服务业
大连金地广告传媒有限公司	91210222275634186V	有限责任公司	一般纳税人	广告、会展服务业
大连龙腾广告传媒有限公司	91210111444668585F	有限责任公司	一般纳税人	广告、会展服务业
大连双木广告传媒有限公司	91210110275623188F	有限责任公司	一般纳税人	广告、会展服务业
大连精典广告传媒有限公司	91210112034527858A	有限责任公司	一般纳税人	广告、会展服务业
大连帝兰花园酒店管理有限公司	91210101239016888A	有限责任公司	一般纳税人	住宿餐饮业
大连云众广告传媒有限公司	91210121440008585F	有限责任公司	一般纳税人	广告、会展服务业
大连鸿顺餐饮有限公司	9121028158809819XT	有限责任公司	一般纳税人	住宿餐饮业
天津七天酒店管理有限公司	91120222MA06H75682	有限责任公司	小规模	住宿餐饮业
天津金恒德酒店管理有限公司	91120104300718849T	有限责任公司	小规模	住宿餐饮业
大连金视文策广告有限公司	91210103026117805E	有限责任公司	一般纳税人	广告、会展服务业
北京东源展览有限公司	91110229633600654U	有限责任公司	小规模	广告、会展服务业
大连远航影视传媒有限公司	91210115015461982R	有限责任公司	小规模	广播影视业
大连启程招标代理有限公司	91210121408660157C	有限责任公司	小规模	咨询服务业
大连市市政工程开发总公司	912102111086108791	有限责任公司	一般纳税人	建筑业
天津市思达建筑装饰工程有限公司	911201011301256281	有限责任公司	一般纳税人	工业
大连永信物业有限公司	91210115915481904P	有限责任公司	一般纳税人	房地产业
人在旅途网络有限公司	91210211109251204C	有限责任公司	一般纳税人	广告、会展服务业
大连中逸达人力资源有限公司	91210115015460980X	有限责任公司	一般纳税人	广播影视业

（六）企业客户信息

企业客户信息如表 3－6 所示。

表 3-6 企业客户信息

企业名称	税号	类型	纳税类型	行业
大连荣钢集团有限公司	912102002418341884	有限责任公司	一般纳税人	工业
大连瑞达广告传媒有限公司	91210110123068852S	有限责任公司	一般纳税人	广告、会展服务业
大连龙甲门业有限公司	9121022112446792Y	有限责任公司	一般纳税人	商品流通业
大连鸿运广告传媒有限公司	91210101124056319D	有限责任公司	一般纳税人	广告、会展服务业
大连鸿瑞达广告传媒有限公司	91210101104015239A	有限责任公司	一般纳税人	广告、会展服务业
大连华润啤酒有限公司	91210101104015239H	有限责任公司	一般纳税人	商品流通业
大连运达广告传媒有限公司	91210105112690218B	有限责任公司	一般纳税人	广告、会展服务业
大连宏运广告传媒有限公司	91210101124056319Z	有限责任公司	一般纳税人	广告、会展服务业
大连金视文策广告有限公司	91210103026117805E	有限责任公司	一般纳税人	广告、会展服务业
大连依雅文化有限公司	91210102261386399E	有限责任公司	一般纳税人	商品流通业
大连启程招标代理有限公司	91210121408660157C	有限责任公司	小规模	咨询服务业
天津大地房地产有限公司	911201170000155588	有限责任公司	一般纳税人	房地产业
北京东源展览有限公司	91110229633600654U	有限责任公司	小规模	广告、会展服务业
大连鸿顺餐饮有限公司	9121028158809819XT	有限责任公司	一般纳税人	住宿餐饮业
大连帝兰花园酒店管理有限公司	91210101239016888A	有限责任公司	一般纳税人	住宿餐饮业
大连日报传媒有限公司	91210128866321556R	有限责任公司	一般纳税人	文化娱乐业

二、企业上月末有关账户余额表

企业上月末有关账户余额表如表 3-7 所示。

表 3-7 企业上月末有关账户余额表

科目编号	科目名称	借方余额	贷方金额
1001	库存现金	2 036.05	0
1002	银行存款	2 486 988.28	0
100201	银行存款——工商银行呼家楼支行	2 486 988.28	0
1601	固定资产	256 000.00	0
160101	固定资产——丰田汽车 1503	256 000.00	0
1602	累计折旧	0	45 599.94
160201	累计折旧——丰田汽车 1503	0	45 599.94
2202	应付账款	0	50 234.12
220209	应付账款——大连北方文化传媒有限公司	0	50 234.12
2211	应付职工薪酬	0	4 740.00
221105	应付职工薪酬——工会经费	0	4 740.00
2221	应交税费	0	21 740.55
222112	应交税费——应交所得税	0	12 000.00
222114	应交税费——应交城市维护建设税	0	398.14
222118	应交税费——应交个人所得税	0	34.00
222119	应交税费——未交增值税	0	5 687.68

续表

科目编号	科目名称	借方余额	贷方金额
222120	应交税费——应交教育费附加	0	170.63
222125	应交税费——应交地方教育附加	0	113.75
222128	应交税费——应交文化事业建设费	0	3 014.47
222129	应交税费——应交印花税	0	265.00
2241	其他应付款	0	627 449.72
224102	其他应付款——王丽	0	627 449.72
4001	实收资本（股本）	0	2 000 000.00
400101	实收资本（股本）——张涛	0	1 000 000.00
400102	实收资本（股本）——王丽	0	1 000 000.00
410412	未分配利润	4 740.00	0

三、企业上年末有关报表资料

注：本书稿中财务报表全部按财政部《关于修订印刷 2019 年度一般企业财务报表格式的通知》财会［2019］6 号文件中附件 2：一般企业财务报表格式（适用于已执行新金融准则、新收入准则和新租赁准则的企业）编制。

企业上年末资产负债表如表 3－8 所示。

表 3－8　企业上年末资产负债表

编制单位：大连嘉平广告传媒有限公司　　20××年 12 月 31 日　　单位：元

资产	期末余额	上年年末余额	负债和所有者权益（或股东权益）	期末余额	上年年末余额
流动资产			流动负债		
货币资金	2 489 024.33	2 370 499.36	短期借款		
交易性金融资产			交易性金融负债		
衍生金融资产			衍生金融负债		
应收票据			应付票据		
应收账款			应付账款	50 234.12	47 842.02
应收款项融资			预收款项		
预付款项			合同负债		
其他应收款			应付职工薪酬	4 740.00	4 514.29
存货			应交税费	21 740.55	20 705.29
合同资产			其他应付款	627 449.72	597 571.16
持有待售资产			持有待售负债		
一年内到期的非流动资产			一年内到期的非流动负债		
其他流动资产			其他流动负债		
流动资产合计	2 489 024.33	2 370 499.36	流动负债合计	704 164.39	670 632.75

续表

资产	期末余额	上年年末余额	负债和所有者权益（或股东权益）	期末余额	上年年末余额
非流动资产：			非流动负债：		
债券投资			长期借款		
其他债券投资			应付债券		
长期应收款			其中：优先股		
长期股权投资			永续债		
其他权益工具投资			租赁负债		
其他非流动金融资产			长期应付款		
投资性房地产			预计负债		
固定资产	210 400.06	200 381.01	递延收益		
在建工程			递延所得税负债		
生产性生物资产			其他非流动负债		
油气资产			非流动负债合计		
使用权资产			负债合计	704 164.39	670 632.75
无形资产			所有者权益（或股东权益）：		
开发支出			实收资本（或股本）	2 000 000.00	1 904 761.90
商誉			其他权益工具		
长摊待摊费用			其中：优先股		
递延所得税资产			永续债		
其他非流动资产			资本公积		
非流动资产合计	210 400.06	200 381.01	减：库存股		
			其他综合收益		
			专项储备		
			盈余公积		
			未分配利润	—4 740.00	—4 514.29
			所有者权益（或股东权益）合计	1 995 260.00	1 900 247.62
资产合计	2 699 424.39	2 570 880.37	负债和所有者权益（或股东权益）总计	2 699 424.39	2 570 880.37

企业上年末利润表如表 3－9 所示。

表 3-9　企业上年末利润表

会企 02 表

编制单位：大连嘉平广告传媒有限公司　　20××年 12 月 31 日　　单位：元

项　　目	本期金额	上期金额
一、营业收入	11 751 662.95	11 192 059.95
减：营业成本	11 085 375.78	10 557 500.74
税金及附加	38 141.90	36 325.62
销售费用	3 748.04	3 569.56
管理费用	597 134.22	568 699.26
研发费用		
财务费用	−22 821.40	−21 734.67
其中：利息费用		
利息收入		
加：其他收益		
投资收益（损失以“—”号填列）		
其中：对联营企业和合营企业的投资收益		
以摊余成本计量的金融资产终止确认收益（损失以“—”号填列）		
净敞口套期收益（损失以“—”号填列）		
公允价值变动收益（损失以“—”号填列）		
信用减值损失（损失以“—”号填列）		
资产减值损失（损失以“—”号填列）		
资产处置收益（损失以“—”号填列）		
二、营业利润（亏损以“—”号填列）	50 084.41	47 699.44
加：营业外收入	147.30	140.29
减：营业外支出	19 480.80	18 553.14
三、利润总额（亏损总额以“—”号填列）	30 750.91	29 286.58
减：所得税费用	3 075.09	2 928.66
四、净利润（净亏损以“—”号填列）	27 675.82	26 357.92
（一）持续经营净利润（净亏损以“—”号填列）		
（二）终止经营净利润（净亏损以“—”号填列）		
五、其他综合收益的税后净额		
（一）不能重分类进损益的其他综合收益		
1. 重新计量设定受益计划变动额		
2. 权益法下不能转损益的其他综合收益		
3. 其他权益工具投资公允价值变动		
4. 企业自身信用风险公允价值变动		
……		
（二）将重分类进损益的其他综合收益		
1. 权益法下可转损益的其他综合收益		
2. 其他债券投资公允价值变动		
3. 金融资产重分类计入其他综合收益的金额		

续表

项　　目	本期金额	上期金额
4. 其他债券投资信用减值准备		
5. 现金流量套期损益的有效部分		
6. 外币财务报表折算差额		
……		
六、综合收益总额		
七、每股收益：		
（一）基本每股收益		
（二）稀释每股收益		

四、企业会计科目设置

企业会计科目表，如表 3－10 所示。

表 3－10　企业会计科目表

编号	一级会计科目	明细科目	
		明细科目	设置标准
	一、资产类		
1001	库存现金		
1002	银行存款		
100201	银行存款	工商银行呼家楼支行	按账户设置
1121	应收票据		
112108	应收票据	大连宏运广告传媒有限公司	按客户名称设置
1122	应收账款		
112208	应收账款	大连宏运广告传媒有限公司	按客户名称设置
1221	其他应收款		
122104	其他应收款	张涛	按单位/个人名称设置
160201	累计折旧	丰田汽车 1503	按设备类别设置
1901	待处理财产损溢		
	二、负债类		
2001	短期借款		
2202	应付账款		
220209	应付账款	大连北方文化传媒有限公司	按供应商名称设置
220210	应付账款	大连鑫彩广告有限公司	按供应商名称设置
2211	应付职工薪酬		
221103	应付职工薪酬	社会保险费	按薪酬项目设置
221104	应付职工薪酬	住房公积金	按薪酬项目设置
221105	应付职工薪酬	工会经费	按薪酬项目设置
221111	应付职工薪酬	职工工资	按薪酬项目设置
221112	应付职工薪酬	社会保险费	按薪酬项目设置

续表

编号	一级会计科目	明细科目	
		明细科目	设置标准
221113	应付职工薪酬	住房公积金	按薪酬项目设置
2221	应交税费		
222101	应交税费	应交增值税	按税目设置
22210101	应交税费	进项税额	按税目设置
22210104	应交税费	转出未交增值税	按税目设置
22210106	应交税费	销项税额	按税目设置
222112	应交税费	应交所得税	按税目设置
222114	应交税费	应交城市维护建设税	按税目设置
222118	应交税费	应交个人所得税	按税目设置
222119	应交税费	未交增值税	按税目设置
222120	应交税费	应交教育费附加	按税目设置
222122	应交税费	应交印花税	按税目设置
222125	应交税费	应交地方教育费附加	按税目设置
222126	应交税费	应交防洪费	按税目设置
222128	应交税费	应交文化事业建设费	按税目设置
222129	应交税费	应交印花税	按税目设置
2231	应付利息		
2232	应付股利		
2241	其他应付款		
224102	其他应付款	王丽	按单位/个人名称设置
	三、所有者权益类		
4001	实收资本（股本）		
400101	实收资本（股本）	张涛	按单位/个人名称设置
400102	实收资本（股本）	王丽	按单位/个人名称设置
4101	盈余公积		
410101	盈余公积	法定盈余公积	按国家规定设置
4103	本年利润		
4104	利润分配		
410401	利润分配	提取法定盈余公积	按国家规定设置
410404	利润分配	应付现金股利或利润	按国家规定设置
410412	利润分配	未分配利润	按国家规定设置
	四、损益类		
6001	主营业务收入		
600101	主营业务收入	广告收入	按收入类别设置
600102	主营业务收入	广告设计收入	按收入类别设置
600103	主营业务收入	会议服务收入	按收入类别设置
600104	主营业务收入	广告制作收入	按收入类别设置
600105	主营业务收入	广告发布收入	按收入类别设置
6401	主营业务成本		

续表

编号	一级会计科目	明细科目	
		明细科目	设置标准
640101	主营业务成本	广告成本	按成本类别设置
640102	主营业务成本	广告设计成本	按成本类别设置
640103	主营业务成本	会议服务成本	按成本类别设置
640104	主营业务成本	自营制作成本	按成本类别设置
640105	主营业务成本	发外制作成本	按成本类别设置
640106	主营业务成本	广告发布成本	按成本类别设置
6403	税金及附加		
6601	销售费用		
660102	销售费用	广告费	按费用明细科目设置
660103	销售费用	业务招待费	按费用明细科目设置
6602	管理费用		
660201	管理费用	办公费	按费用明细科目设置
660202	管理费用	职工薪酬	按费用明细科目设置
660203	管理费用	差旅费	按费用明细科目设置
660204	管理费用	业务招待费	按费用明细科目设置
660205	管理费用	交通费	按费用明细科目设置
660206	管理费用	折旧费	按费用明细科目设置
660207	管理费用	社保	按费用明细科目设置
660208	管理费用	住房公积金	按费用明细科目设置
660211	管理费用	工会经费	按费用明细科目设置
6603	财务费用		
660301	财务费用	手续费	按费用明细科目设置
660302	财务费用	利息	按费用明细科目设置
6711	营业外支出		
671101	营业外支出	罚款	按支出项目设置
6801	所得税费用		

项目四

第一季度经济业务的会计处理

实训目的

将理论知识与实践相结合，进一步巩固、深化已经学过的理论知识，提高综合运用所学知识的能力，培养发现问题、解决问题的能力。

实训内容

日常业务处理。

实训要求

1. 了解公司每月日常业务的类型。
2. 掌握日常业务的会计处理方法和流程。

一、1月会计业务处理

会计处理日常业务主要包括计提类、缴纳类、结转类和其他业务。

（一）计提类

计提就是计算和提取。根据权责发生制原则，一般针对具有明确的计算标准和计算方法的会计事项。属于本账期中应负担的费用，须按规定的比率与规定的基数相乘计算提取。

广告行业计提类常规会计处理业务主要有计提工资、社保、公积金、工会经费、折旧、税金及附加等。

1. 计提工资

【经济业务1】

20××年1月26日，计提本月职工工资97 000元。已计入相关成本费用。

【附件】1月工资表如表4-1所示。

【会计凭证】根据相关单据，做记账凭证：

借：主营业务成本——自营制作成本 35 500

　　管理费用——职工薪酬 61 500

　贷：应付职工薪酬——工资 97 000

【解析】

（1）《企业会计准则应用指南——会计科目和主要账务处理》规定，管理部门人员、销售人员的职工薪酬，借记“管理费用”或“销售费用”科目，贷记“应付职工薪酬”科目。

（2）广告公司的广告设计人员、广告制作人员、广告安装人员的工资，可以随广告材料费直接计入主营业务成本。

2. 计提社保

【经济业务2】

20××年1月26日，计提企业负担的社保23 745.6元，已计入相关成本费用。

【附件】1月工资表如表4-1所示。

【会计凭证】根据相关单据，做记账凭证：

借：主营业务成本——自营制作成本 8 690.4

　　管理费用——社保 15 055.2

　贷：应付职工薪酬——社会保险费 23 745.6

【解析】

（1）主营业务成本是指公司生产和销售与主营业务有关的产品或服务所必须投入的直接成本，主要包括原材料、人工成本（工资）和固定资产折旧等，还包括支付给营销员的佣金，业务部门的办公费、折旧费、水电费、人员工资、福利费、差旅费、交通费、通信费，以及其他与主营业务直接相关的成本。

表 4-1　1 月工资表

编制单位：大连嘉平广告传媒有限公司　　　　20××年 1 月 26 日　　　　单位：元

部门	岗位工资	月度绩效	其他	应发工资	五险基数	社会统筹保险							工伤（单位）	生育（单位）	住房公积金		工会会费		6 项专项附加扣除	个税	实发工资
						养老（单位）	养老（个人）	失业（单位）	失业（个人）	医疗（单位）	医疗（个人）	大额救助（个人）			单位	个人	单位	个人			
行政部	17 500.00			17 500.00	15 750.00	2 520.00	1 260.00	78.75	78.75	1 575.00	315.00	780.00	31.50	78.75	1 732.50	1 732.50			4 000.00	84.15	13 249.60
财务部	15 500.00			15 500.00	13 950.00	2 232.00	1 116.00	69.75	69.75	1 395.00	279.00	780.00	27.90	69.75	1 534.50	1 534.50			6 000.00	35.76	11 684.99
媒介部	28 500.00			28 500.00	25 650.00	4 104.00	2 052.00	128.25	128.25	2 565.00	513.00	1 560.00	51.30	128.25	2 821.50	2 821.50			10 000.00	35.76	21 389.49
制作部	27 000.00			27 000.00	24 300.00	3 888.00	1 944.00	121.50	121.50	2 430.00	486.00	1 560.00	48.60	121.50	2 673.00	2 673.00			27 000.00	11.57	20 203.93
安装部	8 500.00			8 500.00	7 650.00	1 224.00	612.00	38.25	38.25	765.00	153.00	520.00	15.30	38.25	841.50	841.50			6 000.00		6 335.25
合计	97 000.00			97 000.00	87 300.00	13 968.00	6 984.00	436.50	436.50	8 730.00	1 746.00	5 200.00	174.60	436.50	9 603.00	9 603.00			53 000.00	167.24	72 863.26

审核：唐钢　　　　制表：李丽

（2）管理费用，是指企业行政管理部门为管理组织经营活动而发生的各项费用，包括公司经费，工会经费，职工教育经费，劳动保险费，待业保险费，董事会费，咨询费，审计费，诉讼费，排污费，绿化费，税金，土地使用费，土地损失补偿费，技术转让费，技术开发费，无形资产摊销，开办费摊销，业务招待费，坏账损失，存货盘亏、毁损和报废（减盘盈）损失，以及其他管理费用。

（3）见经济业务1解析（1）。

3. 计提公积金

【经济业务3】

20××年1月26日，计提企业负担的公积金9 603元。已计入相关成本费用。

【附件】工资表如表4-1所示。

【会计凭证】根据相关单据，做记账凭证：

借：主营业务成本——自营制作成本　　3 514.5

　　管理费用——社保　　6 088.5

　贷：应付职工薪酬——住房公积金　　9 603

【解析】

（1）见经济业务2解析（1）。

（2）见经济业务2解析（2）。

（3）见经济业务1解析（1）。

4. 计提工会经费

【经济业务4】

20××年1月30日，计提工会经费1 940元。已计入管理费用。

【附件】1月工会经费计提明细表如表4-2所示。

表4-2　1月工会经费计提明细表

编制单位：大连嘉平广告传媒有限公司　　20××年01月30日　　单位：元

计提期间	工会经费		
	管理费用	制造费用	生产成本
20××0101—20××0131	1 940.00		

审核：唐钢　　制表：李丽

【会计凭证】根据相关单据，做记账凭证：

借：管理费用——工会经费　　1 940

　贷：应付职工薪酬——工会经费　　1 940

【解析】

（1）工会经费，是指工会依法取得并开展正常活动所需的费用。按《中华人民共和国工会法》，工会经费的主要来源是工会会员缴纳的会费和按每月全部职工工资总额的2%向工会拨交的经费，其中职工工资总额的2%是工会经费的最主要来源。

（2）工会经费一部分上交当地工会，一部分由企业工会留用。有关工会方面的支出都可以在工会经费中列支，但税法允许抵扣的工会经费不能超过当年计税工资总额的2%。

（3）工会经费＝单位全部职工工资总额×2%。

（4）每（月）季末按本（月）季工资总额的 2%计提工会经费。每个季度缴纳 1 次，下一个季度的 1 日—15 日申报并缴纳上一个季度的工会经费。

（5）见经济业务 1 解析（1）。

➢ 5. 计提折旧

【经济业务 5】

20××年 1 月 31 日，采用年限平均法对丰田汽车 1503 计提折旧，月折旧额为 5 066.66 元。

【附件】1 月固定资产计提折旧表如表 4 - 3 所示。

【会计凭证】根据相关单据，做记账凭证：

借：管理费用——折旧费　　5 066.66

　贷：累计折旧——丰田汽车 1503　　5 066.66

【解析】

（1）计提折旧，指预先计入某些已经发生，但是未实际支付的折旧费用。计提折旧的方法有平均年限法、工作量法、年数总和法和双倍余额递减法。

（2）计提折旧时需要区分会计期间和折旧期间，这两者所指的期间不一定相同。折旧期间指开始计提折旧时依次顺延的年限，如从 2019 年 3 月开始计提折旧，对于折旧而言，第一年是 2019 年 3 月到 2020 年 3 月；而会计期间在我国通常是指每年的 1 月 1 日至 12 月 31 日。

（3）计提，指根据制度规定，计算、提取有关的（留存、减值）准备。在权责发生制前提下，预先计入某些已经发生但未实际支付的费用。

➢ 6. 计提税金及附加

【经济业务 6】

20××年 1 月 31 日，计提本月的附加税和文化事业建设费，当月应纳增值税为附加税的计税基础。本月缴纳增值税 21 100.33 元，计提城市维护建设税，税率为 7%，应纳税额 1 477.02 元；计提教育费附加，征收率为 3%，应纳税额 633.01 元；计提地方教育附加，征收率为 2%，应纳税额 422.01 元。本月应缴纳文化事业建设费的计税基础为缴纳义务人提供广告服务取得的全部含税价款和价外费用，减除支付给其他广告公司或广告发布者的含税广告发布费后的余额 99 065.00 元，征收率为 3%，应纳税 2 971.95 元。

【附件】1 月税金及附加计提表，如表 4 - 4 所示。

【会计凭证】根据相关单据，做记账凭证：

借：税金及附加　　5 503.99

　贷：应交税费——应交城市维护建设　　1 477.02

　　　应交税费——应交教育费附加　　633.01

　　　应交税费——应交地方教育附加　　422.01

　　　应交税费——应交文化事业建设费　　2 971.95

【解析】

（1）广告业涉及的税费有增值税、城市维护建设税、教育费附加、地方教育附加、文化事业建设费、企业所得税、个人所得税等。

表 4-3　1 月固定资产计提折旧表

编制单位：大连嘉平广告传媒有限公司　　20××年 1 月 31 日　　单位：元

序号	品名	数量	入账时间	折旧年限	原值	净残值率	月折旧额	已提折旧	已提减值准备	净值	折旧方法	折旧到期月	使用部门
1	丰田汽车 1503	1.00	20××年 03 月 04 日	4	256 000.00	5.00%	5 066.66	50 666.66		205 333.34	年限平均法		行政部
合计		1.00			256 000.00		5 066.66	50 666.66		205 333.34			

审核：唐钢　　制表：李丽

表 4-4　1 月税金及附加计提表

编制单位：大连嘉平广告传媒有限公司　　单位：元

项目		金额
城市维护建设税	计税金额	21 100.33
	税率	0.07
	应纳税额	1 477.02
教育费附加	计征金额	21 100.33
	征收率	0.03
	应纳金额	633.01
地方教育附加	计征金额	21 100.33
	征收率	0.02
	应纳金额	422.01
防洪工程维护费	计征金额	
	征收率	0.01
	应纳金额	
文化事业建设费	计征金额	99 065.00
	征收率	0.03
	应纳金额	2 971.95
合计		5 503.99

审核：唐钢　　制表：李丽

（2）税金及附加。该科目核算企业经营活动发生的消费税、城市维护建设税、资源税、教育费附加及房产税、土地使用税、车船税、印花税等相关税费。

（3）附加税的计税基础为当月应纳增值税。城市维护建设税、教育费附加、地方教育附加的计提比例分别为 7%、3%和 2%。

（4）文化事业建设费，是国务院为进一步完善文化经济政策，拓展文化事业资金投入渠道而对广告、娱乐行业开征的一种规费。缴纳文化事业建设费的单位和个人应按照提供增值税应税服务取得的销售额和 3%的费率计算应缴费额。计费销售额，为纳税人提供广告服务取得的全部含税价款和价外费用，减除支付给其他广告公司或广告发布者的含税广告发布费后的余额。

（5）当广告行业发生税金及附加时，借记“税金及附加”科目，贷记“应交税费”及明细科目。

（二）缴纳类

缴纳包括履行义务缴纳或被强制缴纳，主要缴纳税金、社会保险、公积金、工会经费等。

1. 缴纳上月税费

【经济业务 7】

20××年 1 月 2 日，大连嘉平广告传媒有限公司支付上年 12 月文化事业建设费 3 014.47 元、增值税 5 687.68 元、附加税 682.52 元（其中城市维护建设税 398.14 元，教育费附加 170.63 元，地方教育附加 113.75 元），印花税 265 元、个人所得税 34 元，已通过银行付讫。

【附件 1】电子缴税付款凭证（1），如图 4-1 所示。

【附件 2】电子缴税付款凭证（2），如图 4-2 所示。

ICBC 中国工商银行 凭证

中国工商银行电子缴税付款凭证 NO. 1200138275

缴税日期：20××年01月02日 凭证字号：03406712

纳税人全称及纳税人识别号：大连嘉平广告传媒有限公司 91210115776361217H

付款人全称：大连嘉平广告传媒有限公司

付款人账号：0302100001813 征收机关名称：国家税务总局大连市旅顺口区税务局

付款人开户银行：中国工商银行大连呼家楼支行 收款国库（银行）名称：国家金库大连市旅顺口区支库

小写（合计）金额：¥9384.67 缴款书交易流水号：201942011750

大写（合计）金额：玖仟叁佰捌拾肆元陆角柒分 税票号码：08914072

税（费）种名称	所属日期	实缴金额(单位：元)
增值税	20××1201——20××1231	¥5687.68
城市维护建设税	20××1201——20××1231	¥398.14
教育费附加	20××1201——20××1231	¥170.63
地方教育附加	20××1201——20××1231	¥113.75
文化事业建设费	20××1201——20××1231	¥3014.47

中国工商银行股份有限公司大连呼家楼支行 自主回单机专用章 <003>

第 1 次打印 打印时间：20××年01月02日

客户回单联 验证码：2B583FA 复核 许云 记账 何强

图 4-1 电子缴税付款凭证（1）

ICBC 中国工商银行 凭证

中国工商银行电子缴税付款凭证 NO. 1200942817

转账日期：20××年01月02日 凭证字号：01740659

纳税人全称及纳税人识别号：大连嘉平广告传媒有限公司 91210115776361217H

付款人全称：大连嘉平广告传媒有限公司

付款人账号：03020100001813 征收机关名称：国家税务总局大连市旅顺口区税务局

付款人开户银行：中国工商银行大连呼家楼支行 收款国库（银行）名称：国家金库大连市旅顺口区支库

小写（合计）金额：¥265.00 缴款书交易流水号：201942011750

大写（合计）金额：贰佰陆拾伍元整 税票号码：04392601

税（费）种名称	所属日期	实缴金额(单位：元)
印花税	20××1201——20××1231	¥265.00

中国工商银行股份有限公司大连呼家楼支行 自主回单机专用章 <003>

第 1 次打印 打印时间：20××年01月02日

客户回单联 验证码：R267501 复核 许云 记账 何强

图 4-2 电子缴税付款凭证（2）

【附件 3】电子缴税付款凭证（3），如图 4－3 所示。

ICBC 中国工商银行　凭　证

中国工商银行电子缴税付款凭证　NO. 1200201894

转账日期：20××年01月02日　凭证字号：06841350

纳税人全称及纳税人识别号：大连嘉平广告传媒有限公司　91210115776361217H

付款人全称：大连嘉平广告传媒有限公司
付款人账号：03020100001813　征收机关名称：国家税务总局大连市旅顺口区税务局
付款人开户银行：中国工商银行大连呼家楼支行　收款国库（银行）名称：国家金库大连市旅顺口区支库
小写（合计）金额：¥34.00　缴款书交易流水号：201942011750
大写（合计）金额：叁拾肆元整　税票号码：07493528

税（费）种名称	所属日期	实缴金额(单位：元)
个人所得税	20××1201——20××1231	¥34.00

中国工商银行股份有限公司大连呼家楼支行 自主回单机专用章 <003>

第　1　次打印　打印时间：20××年01月02日

客户回单联　验证码：H792860　复核　许云　记账　何强

图 4－3　电子缴税付款凭证（3）

【会计凭证】根据相关单据，做记账凭证：

借：应交税费——应交城市建设维护费	398.14
——代扣代交个人所得税	34
——未交增值税	5 687.68
——应交教育费附加	170.63
——应交印花税	265
——应交地方教育附加	113.75
——应交文化事业建设费	3 014.47
贷：银行存款——工商银行大连呼家楼支行	9 683.67

【解析】

（1）广告业主要涉及增值税、城市维护建设税、教育费附加、文化事业建设费和企业所得税等。

（2）当广告行业缴纳上月税费时，借记“应交税费”以及相关二级明细科目，贷记“银行存款”科目。

2. 缴纳社会保险

【经济业务 8】

20××年 1 月 26 日，缴纳本月社会保险合计 38 112.10 元，已通过银行存款付讫。

【附件 1】工资表参见表 4－1。

【附件 2】付款业务回单如图 4－4 所示。

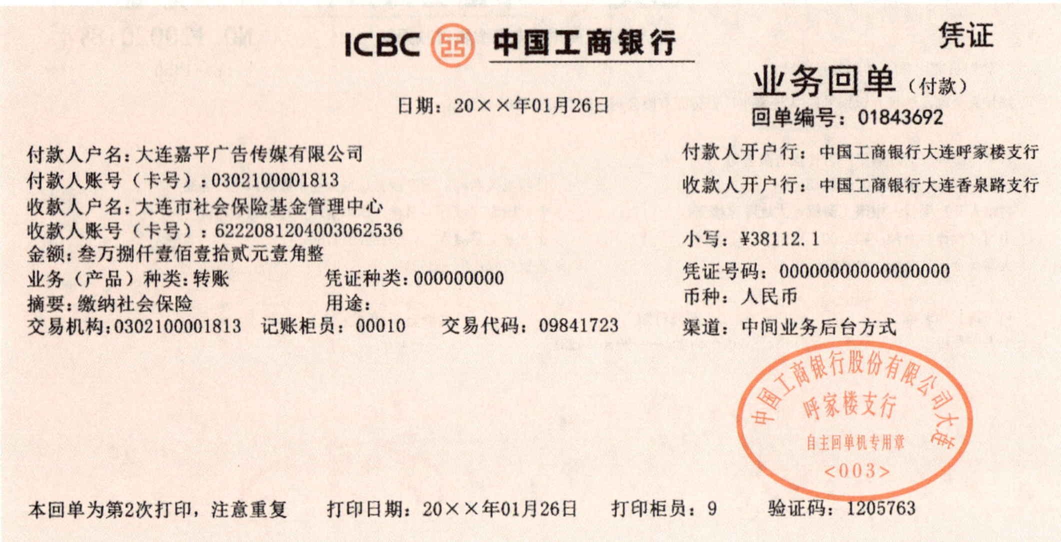

ICBC 中国工商银行 凭证

业务回单（付款）

日期：20××年01月26日

回单编号：01843692

付款人户名：大连嘉平广告传媒有限公司

付款人账号（卡号）：0302100001813

收款人户名：大连市社会保险基金管理中心

收款人账号（卡号）：6222081204003062536

金额：叁万捌仟壹佰壹拾贰元壹角整

业务（产品）种类：转账 凭证种类：000000000

摘要：缴纳社会保险 用途：

交易机构：0302100001813 记账柜员：00010 交易代码：09841723

付款人开户行：中国工商银行大连呼家楼支行

收款人开户行：中国工商银行大连香泉路支行

小写：¥38112.1

凭证号码：0000000000000000

币种：人民币

渠道：中间业务后台方式

中国工商银行股份有限公司大连呼家楼支行 自主回单机专用章 <003>

本回单为第2次打印，注意重复 打印日期：20××年01月26日 打印柜员：9 验证码：1205763

图 4－4 付款业务回单

【会计凭证】根据相关单据，做记账凭证：

借：应付职工薪酬——社会保险费　　23 745.6

　　其他应收款——职工保险个人部分　　14 366.5

　贷：银行存款——工商银行大连呼家楼支行　　38 112.1

【解析】

（1）社保即社会保险，是指国家为了预防和分担年老、失业、疾病以及死亡等社会风险，实现社会安全，而强制社会多数成员参加的，具有所得重分配功能的非营利性的社会安全制度。社会保险是一种为丧失劳动能力、暂时失去劳动岗位或因健康原因造成损失的人口提供收入或补偿的一种社会和经济制度。

（2）养老保险是劳动者在达到法定退休年龄退休后，从政府和社会得到一定的经济补偿、物质帮助和服务的一项社会保险制度。

（3）城镇职工基本医疗保险制度，是根据财政、企业和个人的承受能力所建立的保障职工基本医疗需求的社会保险制度。

（4）失业保险是国家通过立法强制实行的，由社会集中建立基金，对因失业而暂时中断生活来源的劳动者提供物质帮助的制度。

（5）工伤保险也称职业伤害保险。劳动者由于工作原因并在工作过程中受意外伤害，或因接触粉尘、放射线、有毒害物质等职业危害因素引起职业病后，由国家和社会给负伤、致残者以及死亡者生前供养亲属提供必要物质帮助。工伤保险费由用人单位缴纳。对于工伤事故发生率较高的行业，工伤保险费的征收率高于一般标准，一方面是为了保障这些行业的职工发生工伤时，工伤保险基金可以足额支付工伤职工的工伤保险待遇；另一方面是通过高费率征收，使企业有风险意识，加强工伤预防工作，降低伤亡事故率。

（6）生育保险是针对生育行为的生理特点，当在职女性因生育子女而暂时中断工作、失去正常收入来源时，由国家或社会提供的物质帮助。生育保险由用人单位缴纳，生育保险待遇包括生育津贴和生育医疗服务两项内容。

广告行业缴纳社保时，借记“应付职工薪酬——社会保险费”“其他应收款——职工保险个人部分 ”科目，贷记“银行存款”科目。

3. 缴纳公积金

【经济业务 9】

20××年 1 月 27 日，缴纳本月住房公积金合计 19 206 元，已通过银行存款付讫。

【附件 1】工资表参见表 4－1。

【附件 2】付款业务回单如图 4－5 所示。

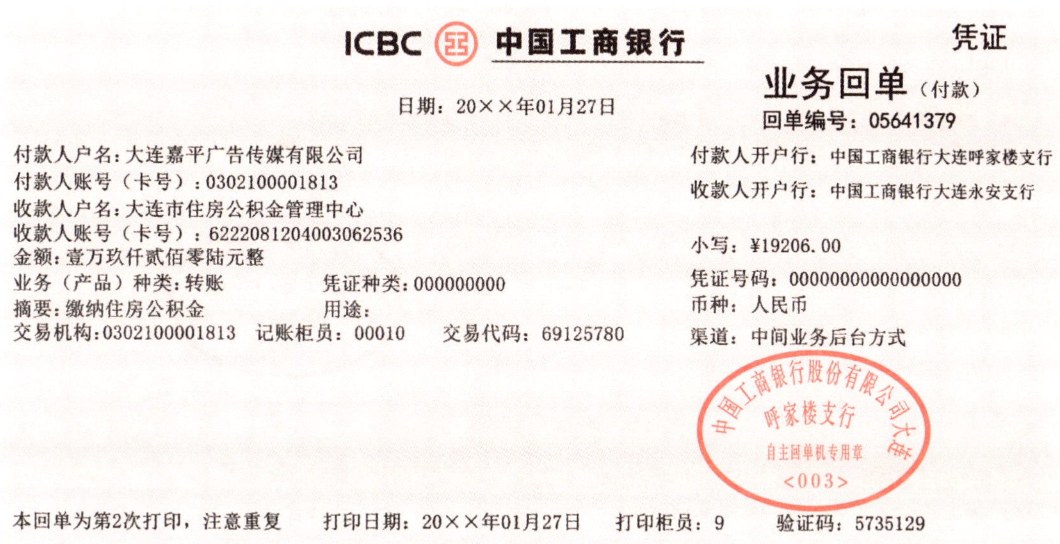

ICBC 中国工商银行 凭证

业务回单（付款）

日期：20××年01月27日

回单编号：05641379

付款人户名：大连嘉平广告传媒有限公司

付款人开户行：中国工商银行大连呼家楼支行

付款人账号（卡号）：0302100001813

收款人开户行：中国工商银行大连永安支行

收款人户名：大连市住房公积金管理中心

收款人账号（卡号）：6222081204003062536

金额：壹万玖仟贰佰零陆元整

小写：¥19206.00

业务（产品）种类：转账 凭证种类：000000000

凭证号码：0000000000000000

摘要：缴纳住房公积金 用途：

币种：人民币

交易机构：0302100001813 记账柜员：00010 交易代码：69125780

渠道：中间业务后台方式

中国工商银行股份有限公司大连呼家楼支行 自主回单机专用章 <003>

本回单为第2次打印，注意重复 打印日期：20××年01月27日 打印柜员：9 验证码：5735129

图 4－5 付款业务回单

【会计凭证】根据相关单据，做记账凭证：

借：其他应收款——职工保险个人部分 9 603

　　应付职工薪酬——住房公积金 9 603

　贷：银行存款——工商银行大连呼家楼支行 19 206

【解析】

（1）住房公积金是指国家机关、国有企业、城镇集体企业、外商投资企业、城镇私营企业及其他城镇企业、事业单位及其在职职工缴存的长期住房储金。住房公积金制度实际上是一种住房保障制度，是住房分配货币化的一种形式。住房公积金制度是国家法律规定的重要的住房社会保障制度，具有强制性、互助性、保障性。单位和职工个人必须依法履行缴存住房公积金的义务。职工个人缴存的住房公积金以及单位为其缴存的住房公积金实行专户存储，归职工个人所有。

（2）当发生缴纳公积金业务时，借记“其他应收款——职工保险个人部分”“应付职工薪酬——住房公积金”科目，贷记“银行存款”科目。

4. 缴纳工会经费

【经济业务 10】

20××年 1 月 2 日，缴纳上年第四季度工会经费 4 740 元。用银行存款支付。

【附件】电子缴税付款凭证如图 4-6 所示。

ICBC 中国工商银行 凭 证

中国工商银行电子缴税付款凭证 NO. 1200161320

转账日期：20××年01月02日 凭证字号：06932705

纳税人全称及纳税人识别号：大连嘉平广告传媒有限公司 91210115776361217H

付款人全称：大连嘉平广告传媒有限公司

付款人账号：03020100001813 征收机关名称：国家税务总局大连市旅顺口区税务局

付款人开户银行：中国工商银行大连呼家楼支行 收款国库（银行）名称：国家金库大连市旅顺口区支库（代理）

小写（合计）金额：¥4740.00元 缴款书交易流水号：201642011750

大写（合计）金额：肆仟柒佰肆拾元整 税票号码：06507349

税（费）种名称	所属日期	实缴金额(单位：元)
工会经费	20××1001——20××1231	¥4740.00

第 1 次打印 打印时间：20××年01月02日

客户回单联 验证码：H117509 复核 许云 记账 何强

图 4-6 电子缴税付款凭证

【会计凭证】根据相关单据，做记账凭证：

借：应付职工薪酬——工会经费 4 740

贷：银行存款——工商银行大连呼家楼支行 4 740

【解析】

缴纳的工会经费，借记“应付职工薪酬——工会经费”科目，贷记“银行存款”科目。

（三）结转类

结转，或期末结转，指期末结账时将某一账户的余额或差额转入另一账户。这里涉及两个账户，前者是转出账户，后者是转入账户，一般而言，结转后，转出账户将没有余额。

1. 结转本月未交增值税

【经济业务 11】

20××年 1 月 31 日，转出本月未交增值税 21 100.33 元。

【附件】1 月增值税结转表，如表 4-5 所示。

表 4-5　1 月增值税结转表

20××年 01 月 31 日　　单位：元

结转理由	应转出		应转入	
	会计科目	金额	会计科目	金额
月末增值税结转	(22210104) 应交税费——应交增值税——转出未交增值税	21 100.33	(222119) 应交税费——未交增值税	21 100.33

会计主管：唐钢　　审核：唐钢　　制单：李丽

【会计凭证】根据相关单据，做记账凭证：

借：应交税费——应交增值税——转出未交增值税　　21 100.33

　贷：应交税费——未交增值税　　21 100.33

【解析】

(1) 根据"应交税费——应交增值税"下设的明细科目余额计算出"应交税费——应交增值税（转出未交增值税）"科目金额，原明细科目（包括"销项税额""进项税额"在内）余额在年中各月月末予以保留。

(2) 将"应交税费——应交增值税（转出未交增值税）"科目金额转出，借记"应交税费——应交增值税——转出未交增值税"科目，贷记"应交税费——未交增值税"科目。

➢ 2. 结转各项收入

【经济业务 12】

20××年 1 月 31 日，公司结转本期各项收入共 1 117 115.12 元到本年利润。

【附件】1 月收入结转表，如表 4-6 所示。

表 4-6　1 月收入结转表

20××年 01 月 31 日　　单位：元

结转理由	应转出		应转入	
	会计科目	金额	会计科目	金额
将本期收入、损益结转到本年利润	(600102) 主营业务收入——广告设计收入	682 718.15	(4103) 本年利润	1 117 115.12
	(600105) 主营业务收入——广告发布收入	434 396.97		
将本期成本、费用结转到本年利润				
将计提的所得税费用转入本年利润			(4103) 本年利润	
本期的本年利润贷方余额			(4103) 本年利润	1 117 115.12

会计主管：唐钢　　审核：唐钢　　制表：李丽

【会计凭证】根据相关单据，做记账凭证：

借：主营业务收入——广告发布收入　434 396.97

　　主营业务收入——广告设计收入　682 718.15

　贷：本年利润　1 117 115.12

【解析】

（1）本年利润结转方法分为账结法和表结法。根据会计制度，可以每月结转损益科目，也可以每月不结转，待年底时一次性结转。每月结转的方法叫作账结法，年底一次性结转的方法叫作表结法。

国内一些财务系统多采用账结法，账结法下，每月月末均需编制转账凭证，将在账上结计出的各损益类账户的余额转入“本年利润”科目。结转后“本年利润”科目的本月合计数反映当月实现的利润或发生的亏损，“本年利润”科目的本年累计数反映本年累计实现的利润或发生的亏损。账结法在各月均可通过“本年利润”科目提供当月及本年累计的利润（或亏损）额。

（2）结转各项收入是把收入都结转到本年利润贷方，应借记“主营业务收入”“其他业务收入”“营业外收入”等科目，贷记“本年利润”科目。

3. 结转各项成本费用

【经济业务 13】

20××年 1 月 31 日，公司结转各项成本费用损失共 915 046.58 元到本年利润。

【附件】1 月成本、费用和税金结转表，如表 4-7 所示。

表 4-7　1 月成本、费用和税金结转表

20××年 01 月 31 日　　单位：元

结转理由	应转出		应转入	
	会计科目	金额	会计科目	金额
将本期收入、损益结转到本年利润				
将本期成本、费用结转到本年利润	（640106）主营业务成本——广告发布成本	340 939.51	（4103）本年利润	915 046.58
	（640102）主营业务成本——广告设计成本	424 503.37		
	（640104）主营业务成本——自营制作成本	47 704.90		
	（6403）税金及附加	5 513.99		
	（660201）管理费用——办公费	5 000.00		
	（660202）管理费用——职工薪酬	61 500.00		
	（660207）管理费用——社保	15 055.20		
	（660208）管理费用——住房公积金	6 088.50		
	（660211）管理费用——工会经费	1 940.00		
	（660206）管理费用——折旧费	5 066.66		
	（660103）销售费用——业务招待费	1 364.45		
	（660301）财务费用——手续费	370.00		

续表

结转理由	应转出		应转入	
	会计科目	金额	会计科目	金额
将计提的所得税费用转入本年利润			（4103）本年利润	
本期的本年利润贷方余额			（4103）本年利润	−915 046.58

会计主管：唐钢　　审核：唐钢　　制表：李丽

【会计凭证】根据相关单据，做记账凭证：

借：本年利润　915 046.58

　贷：主营业务成本——广告设计成本　424 503.37

　　主营业务成本——自营制作成本　47 704.9

　　税金及附加　5 513.99

　　主营业务成本——广告发布成本　340 939.51

　　管理费用——办公费　5 000

　　管理费用——职工薪酬　61 500

　　管理费用——社保　15 055.2

　　管理费用——住房公积金　6 088.5

　　管理费用——工会经费　1 940

　　管理费用——折旧费　5 066.66

　　销售费用——业务招待费　1 364.45

　　财务费用——手续费　370

【解析】结转各项成本和费用是把成本和费用都结转到“本年利润”账户的借方。应借记“本年利润”科目，贷记“主营业务成本”等科目。

（四）其他业务

每月除计提类和缴纳类的业务外还有一些其他需要做的会计处理，如发放工资、业务招待费核算、支取备用金等。

1. 发放工资

【经济业务 14】

20××年 1 月 30 日，发放本月工资。其中岗位工资为 97 000 元，包括由个人承担的社会保险费 14 366.5 元、住房公积金 9 603 元、个人所得税 167.24 元，最终通过现金支付给职工 72 863.26 元。

【附件 1】工资表参见表 4 - 1。

【附件 2】转账支票存根如图 4 - 7 所示。

中国工商银行
转账支票存根
10201232
26894711
附加信息
出票日期 20××年 01 月 30 日
收款人：大连嘉平广告传媒有限公司
金　额：¥72863.26
用　途：支付工资
单位主管 唐钢 会计 李丽

图 4-7 转账支票存根

【会计凭证】根据相关单据，做记账凭证：

借：应付职工薪酬——工资　　97 000

　贷：银行存款——工商银行大连呼家楼支行　　72 863.26

　　　其他应收款——职工公积金个人部分　　9 603

　　　其他应收款——职工保险个人部分　　14 366.5

　　　应交税费——应交个人所得税　　167.24

【解析】

职工薪酬，是指企业为获得职工提供的服务或解除劳动关系而给予的各种形式的报酬或补偿。

根据《企业会计准则第 9 号——职工薪酬》的规定，职工薪酬包括：职工工资、奖金、津贴和补贴；职工福利费；医疗保险费、养老保险费、失业保险费、工伤保险费和生育保险费等社会保险费；住房公积金；工会经费和职工教育经费；非货币性福利；因解除与职工的劳动关系给予的补偿；其他与获得职工提供的服务相关的支出。

(1) 对于在职工提供服务的会计期末以后一年以上到期的应付职工薪酬，企业应当选择恰当的折现率，以应付职工薪酬折现后的金额计入相关资产成本或当期损益；应付职工薪酬金额与其折现后金额相差不大的，也可按照未折现金额计入相关资产成本或当期损益。

(2) 当发放工资时，借记“应付职工薪酬——工资”科目，贷记“银行存款”等科目。

2. 业务招待费核算

【经济业务 15】

20××年 1 月 17 日，郭嘉报销业务招待费 1 364.45 元。

【附件 1】支出凭单如图 4-8 所示。

支出凭单　　现金付讫

20××年 01月 17日　　第　　号

两式-107　8.B*19厘米

即付 餐费

款　　对方科目编号

合计人民币 壹仟叁佰陆拾肆元肆角伍分 ￥1364.45

附单据 / 张

领款人：郭嘉　　主管审批：唐钢

财务主管：唐钢　记账：李丽　出纳：王欢　审核：唐钢　制单：王欢

图 4-8　支出凭单

【附件 2】增值税普通发票如图 4-9 所示。

2102564877　　**大连增值税普通发票**　　№ 08490267　2102564877 08490267

发票联　　（印章：全国统一发票监制章 大连 国家税务总局监制）

校验码 21495 59386 78346 69354　　开票日期：20××年01月17日

购买方：
名　　称：大连嘉平广告传媒有限公司
纳税人识别号：91210115776361217H
地 址、电 话：大连市旅顺口区阳光公寓1229室　0411-66320045
开户行及账号：中国工商银行大连呼家楼支行　0302100001813

密码区：
059634766</3/-4761>><9>>828
/><8+81*5<<29371-++2/-74/**
*2662/4375>76</7/-16753>99<
>*+9>010-/1<126182>5+984403

货物或应税劳务、服务名称	规格型号	单位	数量	单价	金额	税率	税额
*餐饮服务*餐费		次	1	1324.71	1324.71	3%	39.74
合　计					￥1324.71		￥39.74
价税合计（大写）	⊗壹仟叁佰陆拾肆元肆角伍分				（小写）￥1364.45		

销售方：
名　　称：大连鸿顺餐饮有限公司
纳税人识别号：9121028158809819XT
地 址、电 话：辽宁省大连瓦房店市文兰办事处长城路42号　0411-856632544
开户行及账号：中国农业银行股份有限公司大连瓦房店支行　02-1500010400632544

备注：（印章：大连鸿顺餐饮有限公司 9121028158809819XT 发票专用章）

收款人：刘越　复核：张晗　开票人：婺伟　销售方：（章）

第二联：发票联　购买方记账凭证

税总函〔20××〕507号北京东港安全印刷有限公司

图 4-9　增值税普通发票

【会计凭证】根据相关单据，做记账凭证：

借：销售费用——业务招待费　　1 364.45

　贷：库存现金　　1 364.45

【解析】

（1）业务招待费是指企业为生产、经营业务的合理需要而支付的应酬费用。它是企业生产经营中发生的实实在在、必需的费用支出，是企业进行正常经营活动必需的一项成本费用。由于它直接影响国家的税收，因此税法对其税前扣除有限定——仅允许按一定标准扣除。

（2）《企业所得税法实施条例》第四十三条明确规定，企业发生的与生产经营活动有关的业务招待费支出，按照发生额的60%扣除，但最高不得超过当年销售（营业）收入的5‰。

（3）业务招待费的列支范围。在业务招待费的范围上，不论是财务会计制度还是新旧税法都未给予准确的界定。在税务执法实践中，招待费具体范围如下：因企业生产经营需要而宴请或工作餐的开支；因企业生产经营需要赠送纪念品的开支；因企业生产经营需要而发生的旅游景点参观费和交通费及其他费用的开支；因企业生产经营需要而发生的业务关系人员的差旅费开支。

（4）当发生业务招待费时，借记“销售费用——业务招待费”科目，贷记“库存现金”科目。

➤ 3. 取备用金

【经济业务 16】

20××年1月21日，从银行取备用金1 500元。

【附件】现金支票存根如图4－10所示。

中国工商银行
现金支票存根
10201232
85492362
附加信息
出票日期 20××年 01 月 21 日
收款人：大连嘉禾广告传媒有限公司
金　额：￥1500.00
用　途：备用金
单位主管 唐钢　会计 李丽

图4－10　现金支票存根

【会计凭证】根据相关单据，做记账凭证：

借：库存现金　　1 500

　　贷：银行存款——工商银行大连呼家楼支行　　1 500

【解析】备用金是指付给单位内部各部门或工作人员用作零星开支、零星采购、售货找零或差旅费等用的款项。提取备用金应当借记“库存现金”科目，贷记“银行存款”及明细科目。

➢ 4. 支付银行账户管理费

账户管理费是根据管理需要和信息使用者的具体要求，对会计要素的内容进行科学分类的再分类，对账户拥有者所收取的费用。

【经济业务 17】

20××年 1 月 10 日，支付银行账户管理费 120 元、网银年费 200 元，合计 320 元。

【附件】银行收费凭证如图 4－11 所示。

中国工商银行 INDUSTRIAL AND COMMERCIAL BANK OF CHINA　收费凭证

20××年01月10日　　序号：22154463

付款人户名	大连嘉平广告传媒有限公司				
付款人账号	0302100001813		开户行名称	中国工商银行大连呼家楼支行	
业务种类					
收费项目	收费基数	费率	交易量	交易金额	收费金额
账户管理费			1	120.00	120.00
网银年费			1	200.00	200.00
金额（大写）	叁佰贰拾元整				
日期 20××年01月10日	序号 332123691		交易码 1536	币种 人民币	
金额 ¥320.00	编号		主管 陈珊	柜员 何强	

中国工商银行大连呼家楼支行 20××.01.10 收讫

制票：李秀芬　复核：许云

图 4－11　银行收费凭证

【会计凭证】根据相关单据，做记账凭证：

借：财务费用——手续费　　320

　贷：银行存款——工商银行大连呼家楼支行　　320

【解析】

（1）财务费用是指企业为筹集生产经营所需资金等而发生的费用，包括利息支出（减利息收入）、汇兑损失（减汇兑收益）以及相关的手续费等。

（2）支付银行账户管理费时借记“财务费用——手续费”科目，贷记“银行存款”及明细科目。

➢ 5. 购买支票

企业携带银行预留印鉴章（一般单位都是财务章和法人章），有的银行可以现金购买也可以不带章，去银行填写购买支票的单据（一般为购买支票的手续费单据），加盖银行预留印鉴章，交给银行的对公业务窗口就可以办理购买支票业务了。

【经济业务 18】

20××年 1 月 1 日，购入现金支票一本，花费 20 元（工本费 15 元，手续费 5 元）；转账支票一本，花费 30 元（工本费 25 元，手续费 5 元），合计 50 元，用银行存款支付。

【附件】银行收费凭证如图 4-12 所示。

中国工商银行 INDUSTRIAL AND COMMERCIAL BANK OF CHINA　收费凭证

20××年01月01日　　序号：11523357

付款人户名	大连嘉平广告传媒有限公司				
付款人账号	0302100001813		开户行名称	中国工商银行大连呼家楼支行	
业务种类					
收费项目	收费基数	费率	交易量	交易金额	收费金额
转账支票			1	30.00	30.00
现金支票			1	20.00	20.00
金额（大写）	伍拾元整				
日期 20××年01月01日 金额 ¥50.00	序号 331519516 编号		交易码 1217 主管 陈珊	币种 人民币 柜员 何强	

中国工商银行大连呼家楼支行 20××.01.01 收讫

制票：李秀芬　复核：许云

图 4-12　银行收费凭证

【会计凭证】根据相关单据，做记账凭证：

借：财务费用——手续费　　50

　贷：银行存款——工商银行大连呼家楼支行　　50

【解析】购买支票时借记“财务费用——手续费”科目，贷记“银行存款”及明细科目。

6. 购买印花税票

印花税票指的是按照印花税的税额粘贴在应税凭证上的有价证券，专门用于征收印花税税款。印花税实行由纳税人根据规定自行计算应纳税额，印花税票应当粘贴在应税凭证上，并由纳税人在每枚税票的骑缝处盖戳注销或者画销。已贴用的印花税票不得重用。

【经济业务 19】

20××年 1 月 2 日，购买印花税票，用现金支付 10 元，取得印花税票销售凭证。

【附件】印花税票销售凭证如图 4-13 所示。

【会计凭证】根据相关单据，做记账凭证：

借：税金及附加　　10

　贷：库存现金　　10

【解析】购买印花税票时借记“税金及附加”科目，贷记“库存现金”及明细科目。

二、2 月会计业务处理

（一）计提印花税

【经济业务 20】

20××年 2 月 28 日，计提本月印花税 6.96 元。

中华人民共和国
印花税票销售凭证

填发日期:20××年01月02日　　税务机关:国家税务总局大连市旅顺口区税务局

纳税人识别号	91210115776361217H	纳税人名称	大连嘉平广告传媒有限公司
面额种类	品目名称	数量	金额
印花税票（5元） 印花税票（10元） 印花税票（50元） 印花税票（100元）	印花税票	2	10.00
金额合计	（大写）⊗壹拾元整		¥10.00
税务机关 （盖章）	填票人 贾兴全	备注	

第一联（收据）购买单位作报销凭证

妥善保管

图 4-13　印花税票销售凭证

【附件】2 月印花税计提表如表 4-8 所示。

表 4-8　2 月印花税计提表

20××年 02 月 28 日　　单位：元

应税凭证	计税金额或件数	核定征收		适用税率	本期应纳税额
		核定依据	核定比例		
	1	2	3	4	5=1×4+2×3×4
购销合同	23 200.00			0.000 3	6.96
合计金额					6.96

审核：唐钢　　制单：李丽

【会计凭证】根据相关单据，做记账凭证：

借：税金及附加　　6.96

　贷：应交税费——应交印花税　　6.96

【解析】

（1）印花税是以经济活动中签立的各种合同、产权转移书据、营业账簿、权利许可证照等应税凭证文件为对象所征的税。纳税人按规定应税的比例和定额自行购买并粘贴印花税票，即完成印花税纳税义务。

（2）印花税的计算方法。

经济合同和具有合同性质的凭证计算应纳税额的基本公式为：应纳税额=计税金额×

适用税率。

资金账簿应纳印花税的计算公式为：应纳税额=(实收资本金额+资本公积金额)×0.5‰。

权利、许可证照应纳印花税的计算公式：应纳税额=证照件数×5元。

产权转移书据应纳印花税的计算公式：应纳税额=产权转移书据金额×0.5‰。

(3) 按照中央经济工作会议和《政府工作报告》的要求，从2018年5月1日起，将对纳税人设立的资金账簿按实收资本和资本公积合计金额征收的印花税减半，对按件征收的其他账簿免征印花税。

应纳税额不足一角的，免纳印花税。应纳税额在一角以上的，其税额尾数不满五分的不计，满五分的按一角计算缴纳。

依照《印花税暂行条例》的规定，合同签订时即应贴花，履行完税手续。因此，无论合同是否兑现或能否按期兑现，都一律按照规定贴花。

对买卖、继承、赠与所书立的股权转让书据，均依照书立时证券市场当日实际成交价格计算的金额，由立据人按万分之一的税率缴纳印花税。

印花税可以不通过“应交税费”账户核算，而是通过“银行存款”或“库存现金”账户直接付款。购买税票时，直接计入“税金及附加”账户。

（二）固定资产的核算

固定资产指单位价值在规定限额以上，使用期限在一年以上，在长期使用中能保持原有物质形态的劳动资料和消费资料。固定资产的核算主要内容包括固定资产的取得、计提固定资产折旧、固定资产的处置。

【经济业务21】

20××年2月15日，大连嘉平广告传媒有限公司为媒介部购入2台不需要安装的联想台式电脑。公司与大连中凯办公用品批发中心签订合同，货款通过银行转账支票支付，取得增值税专用发票一张，发票内容为：联想台式电脑2台，单价为10 000.00元，税率为13%，增值税税额为2 600元。下月开始计提折旧，折旧年限为3年，采用年限平均法，残值为1 000元，月折旧额为500元。

【附件1】增值税专用发票（由采购部门提供），如图4-14所示。

购买电脑对方公司开出的是增值税专用发票，值得注意的是，有的企业既可以开增值税专用发票又可以开具增值税普通发票，如果本企业属于一般纳税人，增值税可以抵扣，一定要求对方开具增值税专用发票，增值税普通发票不可以抵扣。

【附件2】转账支票存根（由出纳人员提供），如图4-15所示。

【会计凭证】根据相关单据，做记账凭证：

借：固定资产——联想台式电脑　　20 000

　　应交税费——应交增值税（进项税额）　　2 600

　贷：银行存款——工商银行大连呼家楼支行　　22 600

【解析】

(1)《企业会计准则应用指南——会计科目和主要账务处理》规定，购买固定资产时，借记“固定资产”科目、“应交税费——应交增值税（进项税额）”科目，贷记“银行存款”及明细科目。

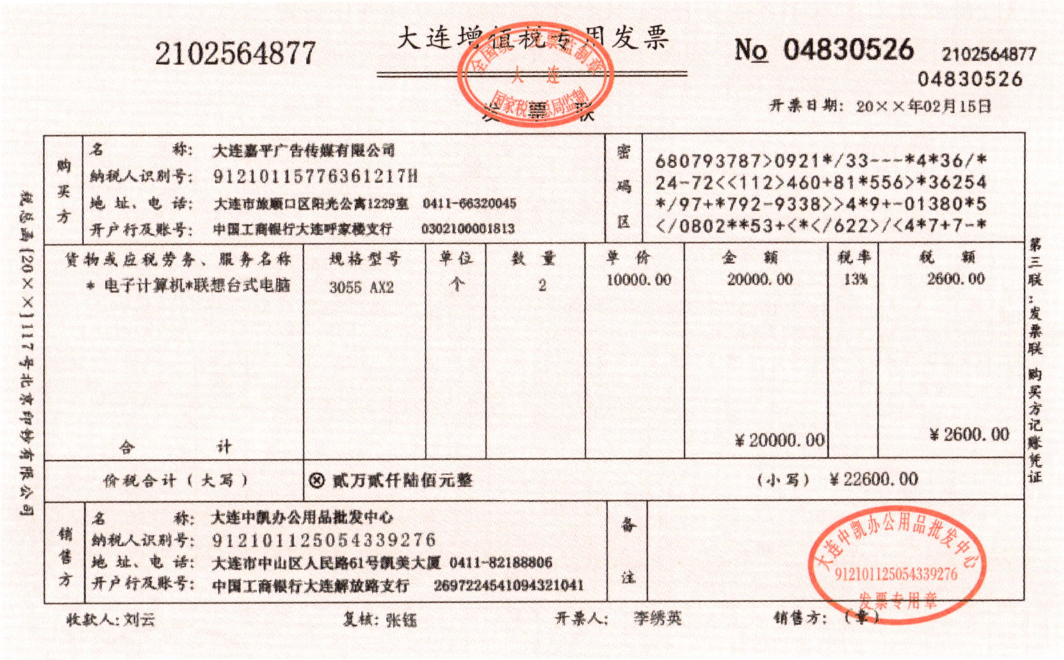

2102564877　　大连增值税专用发票　　№ 04830526　2102564877 04830526

发票联　　开票日期：20××年02月15日

购买方	名　称：大连嘉平广告传媒有限公司 纳税人识别号：91210115776361217H 地址、电话：大连市旅顺口区阳光公寓1229室　0411-66320045 开户行及账号：中国工商银行大连呼家楼支行　0302100001813	密码区	680793787>0921*/33---*4*36/* 24-72<<112>460+81*556>*36254 */97+*792-9338>>4*9+-01380*5 </0802**53+<*</622>/<4*7+7-*

货物或应税劳务、服务名称	规格型号	单位	数量	单价	金额	税率	税额
*电子计算机*联想台式电脑	3055 AX2	个	2	10000.00	20000.00	13%	2600.00
合　计					¥20000.00		¥2600.00
价税合计（大写）	⊗贰万贰仟陆佰元整				（小写）¥22600.00		

销售方	名　称：大连中凯办公用品批发中心 纳税人识别号：912101125054339276 地址、电话：大连市中山区人民路61号凯美大厦　0411-82188806 开户行及账号：中国工商银行大连解放路支行　2697224541094321041	备注	大连中凯办公用品批发中心 912101125054339276 发票专用章

收款人：刘云　　复核：张钰　　开票人：李绣英　　销售方：（章）

第三联：发票联　购买方记账凭证

税总函[20××]117号北京印钞有限公司

图 4－14　增值税专用发票

中国工商银行
转账支票存根
10201232
07310626

附加信息

出票日期20××年　02月15日

收款人：大连中凯办公用品批发中心

金　额：¥22600.00

用　途：购买联想台式电脑

单位主管　唐钢　会计　李丽

图 4－15　转账支票存根

（2）“其他应付款”科目核算企业除应付票据、应付账款、预收账款、应付职工薪酬、应付利息、应付股利、应交税费、长期应付款等以外的其他各项应付、暂收的款项。企业（保险）应交纳的保险保障基金，也通过该科目核算。

（三）报销差旅费

差旅费，是行政事业单位和企业的一项重要的经常性支出项目，是指出差期间因办理公务而产生的交通费、住宿费和公杂费等各项费用。

【经济业务 22】20××年 2 月 21 日，郭嘉报销 500 元的住宿费。

【附件 1】增值税普通发票如图 4－16 所示。

5100163501　　四川增值税普通发票　　No 02470539　5100163501 02470539

校验码 21495 59386 78346 69354　　　　开票日期：20××年02月13日

购买方	名称：大连嘉平广告传媒有限公司 纳税人识别号：91210115776361217H 地址、电话：大连市旅顺口区阳光公寓1229室 0411-66320045 开户行及账号：中国工商银行大连呼家楼支行 0302100001813	密码区	059634766</3/-4761>><9>>828 /><8+81*5<<29371-++2/-74/** *2662/4375>76</7/-16753>99< >*+9>010-/1<126182>5+984403

货物或应税劳务、服务名称	规格型号	单位	数量	单价	金额	税率	税额
*住宿服务*住宿费		天	2	242.72	485.44	3%	14.56
合计					¥485.44		¥14.56
价税合计（大写）	⊗伍佰元整				（小写）¥500.00		

销售方	名称：四川省泰兴广达酒店管理有限公司 纳税人识别号：91510028645763191R 地址、电话：四川省龙江路19号附17 028-85451883 开户行及账号：中国工商银行成都龙江路支行 0302011510076	备注	

收款人：张坤　　复核：陶锐　　开票人：颜彪　　销售方：（章）

税总函[20××]507号北京东港安全印制有限公司

第二联：发票联 购买方记账凭证

图 4－16 增值税普通发票

【附件 2】差旅费报销单如图 4－17 所示。

差旅费报销单

单位：大连嘉平广告传媒有限公司　　　　日期：20XX年02月21日

部门				业务部			报销人		郭嘉		
起讫日期				天数	起讫地点		车船费	补助	住宿费	汽车	其他费用
月	日	月	日		起	止					
02	11	02	13	2	大连	四川			500.00		
费用小计									¥500.00		
报销合计（大写）伍佰元整							报销合计（小写）¥500.00				
总经理		张涛					财务经理		唐钢		

审核：王欢　　会计：李丽　　领款人：郭嘉

图 4－17 差旅费报销单

【会计凭证】根据相关单据，做记账凭证：

借：管理费用——差旅费 500

　贷：库存现金 500

【解析】

报销差旅费时，借记“管理费用——差旅费”科目，贷记“库存现金”科目。

（四）2月日常业务数据表

2月日常业务处理方法同1月。2月日常业务数据表，如表4-9所示。

表4-9 2月日常业务数据表

单位：元

项目	内容	数据
计提类	工资	97 000.00
	社保	15 055.20
	公积金	9 603.00
	工会经费	1 940.00
	折旧	5 066.66
	税金及附加	4 159.65
	印花税	6.96
缴纳类	相关税费	21 627.78
	社会保险	23 745.60
	公积金	9 603.00
	工会经费	0.00
结转类	本月未交增值税	22 184.11
	各项收入	998 140.56
	各项成本费用	726 039.80
其他业务	发工资	78 027.51

三、3月会计业务处理

（一）上年企业所得税汇算清缴

【经济业务23】

20××年大连嘉平广告传媒有限公司发生广告制作收入186 239.32元，广告收入8 774 544.52元，广告设计收入1 957 740.95元，会议服务收入434 120.64元，广告发布收入399 017.52元，营业外收入147.30元。主营业务成本11 085 375.78元（其中广告设计费和广告发布费共8 389 039.38元），管理费用597 134.22元（其中业务招待费4 238.01元），销售费用3 748.04元（其中业务招待费5 338.04元），财务费用−22 821.40元，20××年发生税金及附加38 141.90元，营业外支出19 480.80元（违章罚款19 480.80元），已经预缴企业所得税3 075.09元。

20××年3月31日，对上年度所得税进行汇算清缴，补提企业所得税664 960.12元。

【附件】上年企业所得税汇算清缴表，如表4-10所示。

表 4-10　上年企业所得税汇算清缴表

类别	项　目	金额
利润总额计算	一、营业收入	11 751 662.95
	减：营业成本	11 085 375.78
	减：税金及附加	38 141.90
	减：销售费用	3 748.04
	减：管理费用	597 134.22
	减：财务费用	−22 821.40
	减：资产减值损失	
	加：公允价值变动收益	
	加：投资收益	
	二、营业利润	50 084.41
	加：营业外收入	147.30
	减：营业外支出	19 480.80
应纳税所得额计算	三、利润总额	30 750.91
	减：境外所得	
	加：纳税调整增加额	6 649 601.16
	减：纳税调整减少额	
	减：免税、减计收入及加计扣除	
	加：境外应税所得抵减境内亏损	
	四、纳税调整后所得	6 680 352.07
	减：所得减免	
	减：弥补以前年度亏损	
	减：抵扣应纳税所得额	
	五、应纳税所得额	6 680 352.07
应纳税额计算	税率	0.25
	六、应纳所得税额	1 670 088.02
	减：减免所得税额	1 002 052.81
	减：抵免所得税额	
	七、应纳税额	668 035.21
	加：境外所得应纳所得税额	
	减：境外所得抵免所得税额	
	八、实际应纳所得税额	668 035.21
	减：本年累计实际已缴纳的所得税额	3 075.09
	九、本年应补（退）所得税额	664 960.12
	其中：总机构分摊本年应补（退）所得税额	
	财政集中分配本年应补（退）所得税额	
	总机构主体生产经营部门分摊本年应补（退）所得税额	

审核：唐钢　　　　　　　　　　　　　　　　制单：李丽

【会计凭证】根据相关单据，做记账凭证：

借：以前年度损益调整　　664 960.12

　贷：应交税费——应交所得税　　664 960.12

【解析】

(1) 关于印发《房地产开发经营业务企业所得税处理办法》的通知（国税发〔2009〕31 号）第十二条规定：企业发生的期间费用、已销开发产品计税成本、税金及附加、土地增值税准予当期按规定扣除。

(2)《中华人民共和国企业所得税法实施条例》第四十三条规定，企业发生的与生产经营活动有关的业务招待费支出，按照发生额的 60%扣除，但最高不得超过当年销售（营业）收入的 5‰。

(3) 根据《中华人民共和国企业所得税法》第十条规定，在计算应纳税所得额时，下列支出不得扣除：

1) 向投资者支付的股息、红利等权益性投资收益款项；

2) 企业所得税税款；

3) 税收滞纳金；

4) 罚金、罚款和被没收财物的损失；

5) 本法第九条规定以外的捐赠支出；

6) 赞助支出；

7) 未经核定的准备金支出；

8) 与取得收入无关的其他支出。

(4)《中华人民共和国企业所得税法实施条例》第四十四条规定，企业发生的符合条件的广告费和业务宣传费支出，除国务院财政、税务主管部门另有规定外，不超过当年销售（营业）收入 15%的部分，准予扣除；超过部分，准予在以后纳税年度结转扣除。

(5) 20××年大连嘉平广告传媒有限公司发生的成本合计＝8 239 169.90＋1 640 803.33＋169 424.25＋735 969.81＋167 650.00＋12 358.49＝11 085 375.78（元）。

营业收入合计＝186 239.32＋8 774 544.52＋1 957 740.95＋434 120.64＋399 017.52＝11 751 662.95（元）。

20××年纳税调整增加额计算如下：

业务招待费限额＝11 751 662.95×0.5%＝58 758.31（元）＞9 576.05×60%＝5 745.63（元），可以抵扣 5 745.63 元，业务招待费调增 3 830.42(9 576.05－5 745.63）元。

广告费扣除限额＝11 751 662.95×15%＝1 762 749.44（元）＜8 389 039.38（元），可以抵扣 1 762 749.44 元，广告费调增 6 626 289.94 元。

违法经营的罚金和被没收财物的损失调增 19 480.80 元。

纳税调整增加额合计＝3 830.42＋19 480.80＋6 626 289.94＝6 649 601.16（元）。

利润总额＝11 751 662.95＋147.3－11 085 375.78－19 480.80－597 134.22－3 748.04－38 141.90－(－22 821.40)＝30 750.91（元）。

应纳税所得额＝利润总额＋纳税调整增加额－纳税调整减少额＝30 750.91 ＋6 649 601.16－

0=6 680 352.07（元）。

应纳税所得税额=6 680 352.07/2×20%=668 035.21（元）。

应补提所得税额=668 035.21−3 075.09=664 960.12（元）。

（6）以前年度损益调整增加的所得税费用，借记“以前年度损益调整”科目，贷记“应交税费——应交所得税”等科目。

【经济业务 24】

20××年 3 月 31 日，补缴企业所得税 664 960.12 元。

【附件】电子缴税付款凭证如图 4－18 所示。

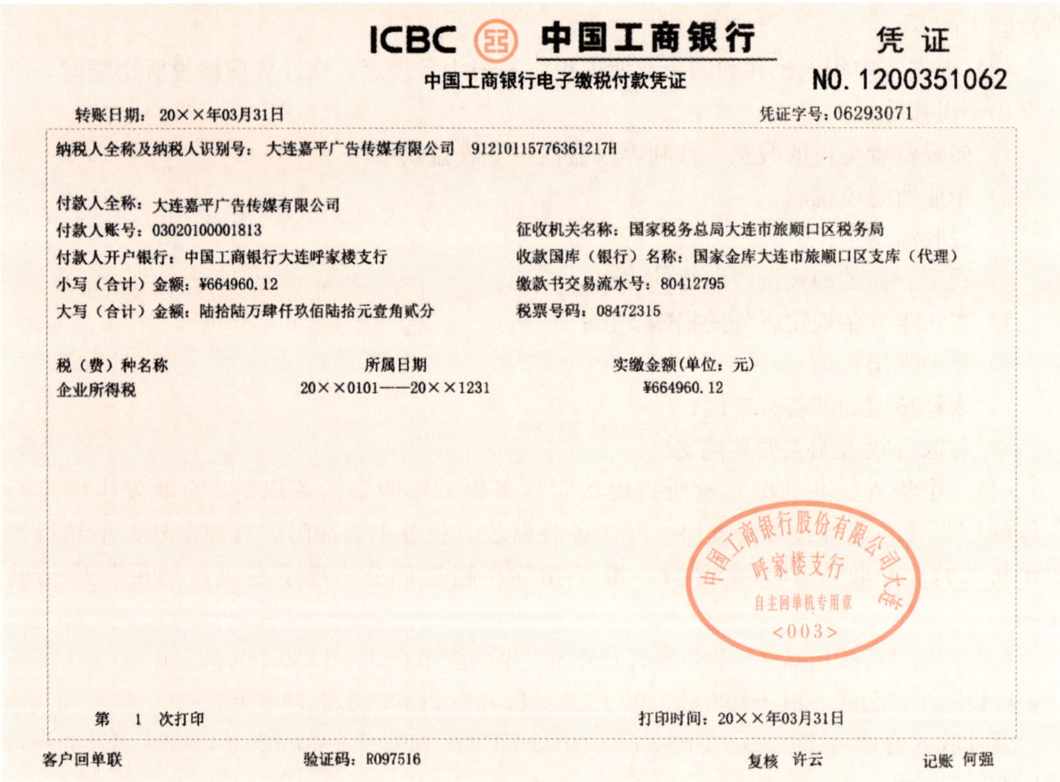

ICBC 中国工商银行 凭证

中国工商银行电子缴税付款凭证 NO. 1200351062

转账日期：20××年03月31日 凭证字号：06293071

纳税人全称及纳税人识别号：大连嘉平广告传媒有限公司 91210115776361217H

付款人全称：大连嘉平广告传媒有限公司

付款人账号：03020100001813 征收机关名称：国家税务总局大连市旅顺口区税务局

付款人开户银行：中国工商银行大连呼家楼支行 收款国库（银行）名称：国家金库大连市旅顺口区支库（代理）

小写（合计）金额：¥664960.12 缴款书交易流水号：80412795

大写（合计）金额：陆拾陆万肆仟玖佰陆拾元壹角贰分 税票号码：08472315

税（费）种名称	所属日期	实缴金额(单位：元)
企业所得税	20××0101——20××1231	¥664960.12

中国工商银行股份有限公司大连呼家楼支行 自主回单机专用章 <003>

第 1 次打印 打印时间：20××年03月31日

客户回单联 验证码：R097516 复核 许云 记账 何强

图 4－18 电子缴税付款凭证

【会计凭证】根据相关单据，做记账凭证：

借：应交税费——应交所得税 664 960.12

　贷：银行存款——工商银行大连呼家楼支行 664 960.12

【解析】企业缴纳企业所得税时，借记“应交税费——应交所得税”科目，贷记“银行存款”科目。

【经济业务 25】

20××年 3 月 31 日，将“以前年度损益调整”科目转销。

【附件】会计科目结转明细表如表 4－11 所示。

表 4-11 会计科目结转明细表

编制单位：大连嘉平广告传媒有限公司 20××年3月31日 单位：元

序号	结转金额	转入科目	转出科目	备注
1	664 960.12	(410412) 利润分配——未分配利润	(6901) 以前年度损益调整	

审核：唐钢 制表：李丽

【会计凭证】根据相关单据，做记账凭证：

借：利润分配——未分配利润 664 960.12

贷：以前年度损益调整 664 960.12

【解析】经上述调整后，应将“以前年度损益调整”科目的余额转入“利润分配——未分配利润”科目。“以前年度损益调整”科目如为借方余额，借记“利润分配——未分配利润”科目，贷记“以前年度损益调整”科目。

汇算清缴后，由于补缴了所得税，减少了上年度的净利润，所计提的盈余公积也会相应减少，因此在汇算清缴时要冲回盈余公积，借“盈余公积”科目，贷“利润分配——未分配利润”科目。在实务中，如果盈余公积的金额不大，就不必冲回了。

20××年未提盈余公积，暂不处理。

（二）计提第一季度企业所得税费用

【经济业务 26】

20××年3月31日，计提第一季度企业所得税费用。

【附件】一季度企业所得税计提表，如表 4-12 所示。

表 4-12 一季度企业所得税计提表

编制单位：大连嘉平广告传媒有限公司 20××年3月31日 单位：元

项目	利润总额	纳税调整		应纳税所得额	税率	应纳税所得额
		纳税调增	纳税调减			
企业所得税	949 930.90		712 448.17	237 482.73	20%	47 496.55

审核：唐钢 制单：李丽

【会计凭证】根据相关单据，做记账凭证：

借：所得税费用 47 496.55

贷：应交税费——应交所得税 47 496.55

【解析】

企业所得税是对我国境内的企业和其他取得收入的组织的生产经营所得和其他所得征收的一种所得税。在中华人民共和国境内，企业和其他取得收入的组织（以下统称“企业”）为企业所得税的纳税人。企业所得税的纳税人包括各类企业、事业单位、社会团体、民办非企业单位和从事经营活动的其他组织。个人独资企业、合伙企业不属于企业所得税纳税义务人。

企业所得税采取收入来源地管辖权和居民管辖权相结合的双管辖权，把企业分为居民企业和非居民企业，分别确定不同纳税义务。居民企业，是指依法在中国境内成立，或者依照外国（地区）法律成立但实际管理机构在中国境内的企业。非居民企业，是指依照外国（地区）法律成立且实际管理机构不在中国境内，但在中国境内设立机构、场所的，或者在中国境内未设立机构、场所，但有来源于中国境内所得的企业。

《中华人民共和国企业所得税法》第五十四条规定：

企业所得税分月或者分季预缴。企业应当自月份或者季度终了之日起十五日内，无论盈利或亏损，都应向税务机关报送预缴企业所得税纳税申报表，预缴税款。企业应当自年度终了之日起五个月内，向税务机关报送年度企业所得税纳税申报表，并汇算清缴，结清应缴应退税款。企业在报送企业所得税纳税申报表时，应当按照规定附送财务会计报告和其他有关资料。纳税人在规定的申报期申报确有困难的，可报经主管税务机关批准，延期申报。

预缴企业所得税时，借记"所得税费用"科目，贷记"应交税费——应交所得税"科目。

（三）结转所得税费用

【经济业务 27】

20××年 3 月 31 日结转第一季度企业所得税。

【附件】所得税费用结转表，如表 4-13 所示。

表 4-13　所得税费用结转表

20××年 03 月 31 日　　单位：元

结转理由	应转出		应转入	
	会计科目	金额	会计科目	金额
将本期收入、损益结转到本年利润			(4103) 本年利润	
将本期成本、费用结转到本年利润			(4103) 本年利润	
将计提的所得税费用结转到本年利润	(6801) 所得税费用	47 496.55	(4103) 本年利润	47 496.55
本期的本年利润贷方余额			(4103) 本年利润	−47 496.55

会计主管：唐钢　　审核：唐钢　　制表：李丽

【会计凭证】根据相关单据，做记账凭证：

借：本年利润　　47 496.55

　贷：所得税费用　　47 496.55

【解析】"所得税费用"属于损益类科目，月末需结转到本年利润。结转所得税费用时，借记"本年利润"科目，贷记"所得税费用"科目。

（四）3 月日常业务数据表

3 月日常业务处理方法同 1 月。3 月日常业务数据表，如表 4-14 所示。

表 4-14　3 月日常业务数据表

单元：元

项目	内容	数据
计提类	工资	97 000.00
	社保	15 055.20
	公积金	9 603.00
	工会经费	1 940.00
	折旧	5 594.44
	税金及附加	7 018.37
	印花税	0.00
缴纳类	相关税费	18 149.87
	社险	9 166.50
	公积金	9 603.00
	工会经费	0.00
结转类	本月未交增值税	37 159.82
	各项收入	1 292 088.62
	各项成本费用	819 697.45
其他业务	发工资	78 027.51

项目五

第二季度经济业务的会计处理

实训目的

通过实训能够处理广告业媒体广告发布代理业务。

实训内容

广告业媒体广告发布代理业务的会计处理，预缴一季度所得税，企业所得税月（季）度预缴纳税申报表的填写。

实训要求

了解广告业媒体广告发布代理的会计处理流程。

掌握广告业媒体广告发布代理的会计处理方法。

学会企业所得税月（季）度预缴纳税申报表的填写，并预缴第一季度企业所得税。

一、4 月会计业务处理

（一）媒体广告发布代理业务的会计处理

广告发布指根据广告设计要求，制作可供刊播、设置、张贴、散布的广告作品等经营性活动。广告活动通过广告作品的形式，把广告主的要求、意愿和信息用艺术、情感和直观的形式表达出来。广告作品的内容是策略性和信息性的，它包含着广告策略的运用和经济信息的传递，而广告作品则以艺术的和心理的形式把广告的信息内容表达出来。

1. 签订媒体广告发布代理合同，收取定金

【经济业务 28】

20××年 4 月 3 日，大连嘉平广告传媒有限公司与大连龙甲门业有限公司签订合同。合同约定，由大连嘉平广告传媒有限公司制作并代理大连龙甲门业有限公司在本市电视台发布防盗门产品广告，广告费总额为 18 万元，其中，形象设计费 5 万元，广告拍摄制作费 3 万元，电视台广告播放费 10 万元。签订合同后，通过银行转账预收广告制作费 8 万元，余款将在广告播完后支付。

【附件 1】收款业务回单如图 5－1 所示。

ICBC 中国工商银行　凭证

业务回单（收款）

日期：20××年04月03日　回单编号：00832749

付款人户名：大连龙甲门业有限公司　付款人开户行：中国民生银行中山支行
付款人账号（卡号）：520512441213645
收款人户名：大连嘉平广告传媒有限公司　收款人开户行：中国工商银行大连呼家楼支行
收款人账号（卡号）：0302100001813
金额：捌万元整　小写：¥80000.00
业务（产品）种类：跨行收报　凭证种类：000000000　凭证号码：00000000000000000
摘要：预收广告制作费　用途：广告制作　币种：人民币
交易机构：0030200150　记账柜员：00023　交易代码：52093　渠道：其他
附言：预收广告制作费
支付交易序号：24387675　报文种类：跨行收报　委托日期：20××年04月03日
业务类型（种类）：普通汇兑

本回单为第1次打印，注意重复　打印日期：20××年04月03日　打印柜员：9　验证码：2321332

（印章：中国工商银行股份有限公司大连呼家楼支行 自主回单机专用章 <003>）

图 5－1　收款业务回单

【附件 2】往来收据如图 5－2 所示。

（1）收据一般有三联，第一联为存根联，第二联为收据联（或客户联、交款联），第三联为会计联（或收款联、记账联），将收据联（或客户联、交款联）盖公章给交款人。

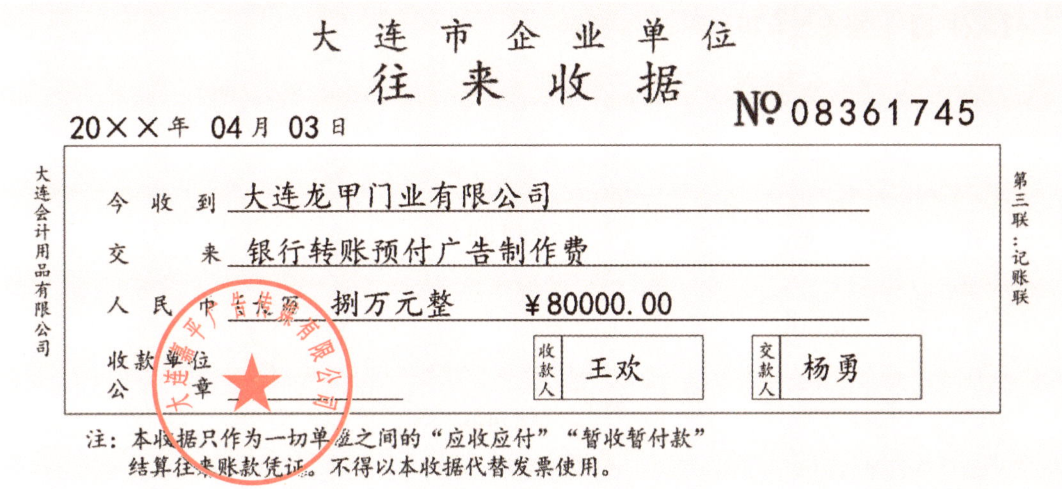

大连市企业单位

往来收据

№08361745

20××年 04月 03日

今收到　大连龙甲门业有限公司

交来　银行转账预付广告制作费

人民币（大写）捌万元整　¥80000.00

收款单位公章　　收款人 王欢　　交款人 杨勇

注：本收据只作为一切单位之间的“应收应付”“暂收暂付款”结算往来账款凭证。不得以本收据代替发票使用。

大连会计用品有限公司

第三联：记账联

图 5-2　往来收据

（2）发票和收据的相同点是，发票和收据都是原始凭证，它们都可以证明收支了某项款项。不同点在于，收据收取的款项只能是往来款项，收据所收支款项不能作为成本、费用或收入，只能作为收取往来款项的凭证；发票不但是收支款项的凭证，而且凭发票所收支的款项可以作为成本、费用或收入，也就是说发票是发生的成本、费用或收入的原始凭证。

（3）收据和发票在使用时的区别在于：发票是在涉税事项时使用，收据是在非涉税事项时使用。

【会计凭证】根据相关单据，做记账凭证：

借：银行存款——工商银行大连呼家楼支行　　80 000

　贷：预收账款——大连龙甲门业有限公司　　80 000

【解析】“预收账款”科目核算企业按照合同规定或交易双方之约定，向购买单位或接受劳务的单位在未发出商品或提供劳务时预收的款项。预收款项一般包括预收的货款、预收的购货定金等。企业在收到这笔钱时，商品或劳务的销售合同尚未履行，因而不能作为收入入账，只能确认为一项负债，即贷记“预收账款”账户。企业按合同规定提供商品或劳务后，再根据合同的履行情况，逐期将未实现收入转成已实现收入，即借记“预收账款”账户，贷记有关收入账户。预收账款的期限一般不超过 1 年，通常应作为一项流动负债反映在各期末的资产负债表上。若超过 1 年（预计在一年以上提供商品或劳务）则称为“递延贷项”，单独列示在资产负债表的负债与所有者权益之间。

2. 支付广告拍摄制作费

【经济业务 29】

4 月 6 日，大连嘉平广告传媒有限公司完成大连龙甲门业有限公司广告形象设计后，委托大连远航影视传媒有限公司（“营改增”试点地区小规模纳税人）进行拍摄，出纳开出转账支票支付拍摄费 51 500 元，收到税务局代开的增值税专用发票，税率为 3%，税额为 1 500 元。

【附件 1】转账支票存根如图 5－3 所示。

中国工商银行
转账支票存根
10201232
06994845
附加信息
出票日期 20××年 04 月 06 日
收款人：大连远航影视传媒有限公司
金 额：¥51500.00
用 途：支付广告拍摄费
单位主管 唐钢 会计 李丽

西安西正印制有限公司·20××年印制

图 5－3　转账支票存根

【附件 2】增值税专用发票如图 5－4 所示。

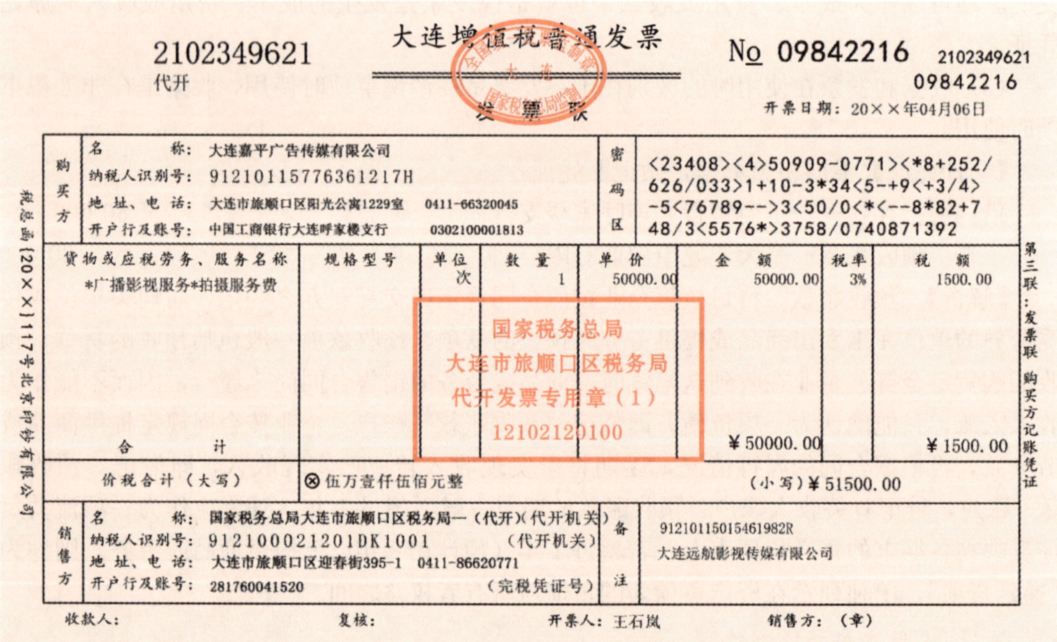

大连增值税普通发票

2102349621　代开　No 09842216　2102349621　09842216

发票联　开票日期：20××年04月06日

购买方	名称：大连嘉平广告传媒有限公司 纳税人识别号：91210115776361217H 地址、电话：大连市旅顺口区阳光公寓1229室 0411-66320045 开户行及账号：中国工商银行大连呼家楼支行 0302100001813					密码区	<23408><4>50909-0771><*8+252/ 626/033>1+10-3*34<5-+9<+3/4> -5<76789-->3<50/0<*<--8*82+7 48/3<5576*>3758/0740871392	
货物或应税劳务、服务名称	规格型号	单位	数量	单价	金额	税率	税额	
*广播影视服务*拍摄服务费		次	1	50000.00	50000.00	3%	1500.00	
合计					¥50000.00		¥1500.00	
价税合计（大写）	⊗伍万壹仟伍佰元整				（小写）¥51500.00			
销售方	名称：国家税务总局大连市旅顺口区税务局一（代开）（代开机关） 纳税人识别号：912100021201DK1001（代开机关） 地址、电话：大连市旅顺口区迎春街395-1 0411-86620771 开户行及账号：281760041520（完税凭证号）					备注	91210115015461982R 大连远航影视传媒有限公司	

收款人：　复核：　开票人：王石岚　销售方：（章）

国家税务总局大连市旅顺口区税务局代开发票专用章（1）12102120100

税总函〔20××〕117号北京印钞有限公司

第三联：发票联 购买方记账凭证

图 5－4　增值税专用发票

小规模纳税人公司需要开具专用发票可以去税务局代开。税务局代开专用发票按 3% 征收率收税，需要注意的是，购买方（付款方）必须是一般纳税人公司，小规模纳税人公司不可以向税务局申请代开普通发票，只有个人才能申请代开普通发票。

【会计凭证】根据相关单据，做记账凭证：

借：应交税费——应交增值税（进项税额）　　1 500

　　主营业务成本——发外制作成本　　50 000

　贷：银行存款——工商银行大连呼家楼支行　　51 500

【解析】

（1）广告制作过程的核算应设置“广告制作”账户，核算广告公司制作灯箱、霓虹灯、招牌、电子屏幕时发生的与制作有关的各项设计费、材料费、人工费以及借款利息等费用。户外广告、电视广告、礼品广告等进行成本核算均可通过该账户核算。

（2）当支付广告拍摄制作费时，应借记“应交税费——应交增值税（进项税额）”“主营业务成本”科目，贷记“银行存款”科目。

3. 支付临聘人员劳务报酬，并代缴个人所得税

【经济业务 30】

20××年 4 月 7 日，大连嘉平广告传媒有限公司聘请大连中逸达人力资源有限公司（增值税小规模纳税人）兼职模特拍摄防盗门广告，支付劳务报酬 5 000 元。

【附件 1】增值税普通发票如图 5－5 所示。

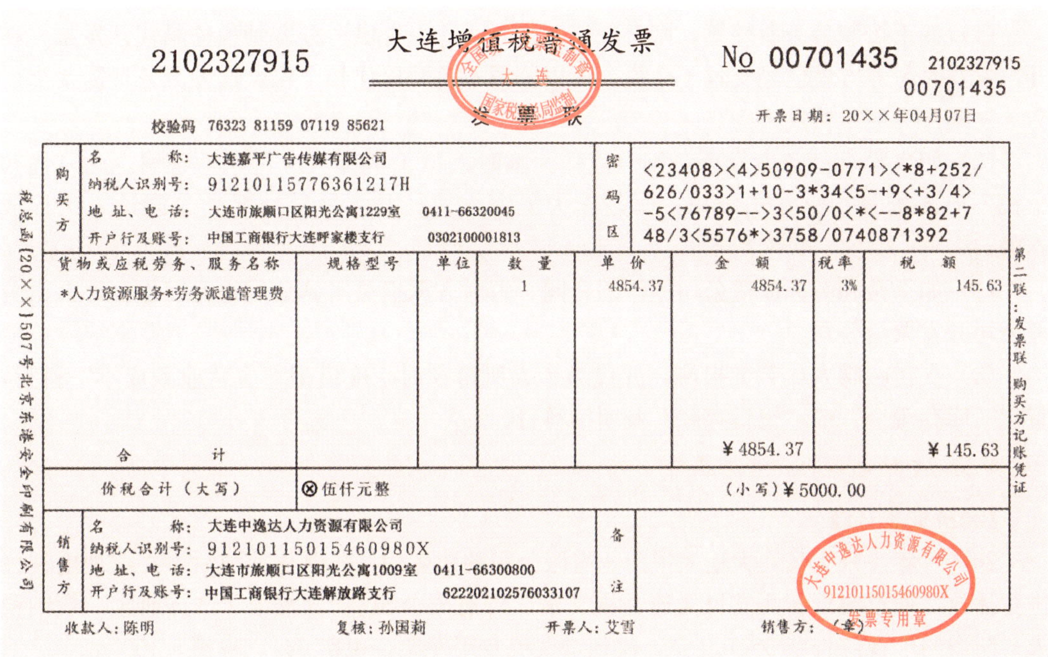

大连增值税普通发票

2102327915　　No 00701435　　2102327915　00701435

发票联

校验码 76323 81159 07119 85621　　开票日期：20××年04月07日

购买方	名称：大连嘉平广告传媒有限公司 纳税人识别号：91210115776361217H 地址、电话：大连市旅顺口区阳光公寓1229室 0411-66320045 开户行及账号：中国工商银行大连呼家楼支行 0302100001813	密码区	<23408><4>50909-0771><*8+252/ 626/033>1+10-3*34<5-+9<+3/4> -5<76789-->3<50/0<*<--8*82+7 48/3<5576*>3758/0740871392

货物或应税劳务、服务名称	规格型号	单位	数量	单价	金额	税率	税额
*人力资源服务*劳务派遣管理费			1	4854.37	4854.37	3%	145.63
合计					¥4854.37		¥145.63
价税合计（大写）	⊗伍仟元整				（小写）¥5000.00		

销售方	名称：大连中逸达人力资源有限公司 纳税人识别号：91210115015460980X 地址、电话：大连市旅顺口区阳光公寓1009室 0411-66300800 开户行及账号：中国工商银行大连解放路支行 622202102576033107	备注	

收款人：陈明　　复核：孙国莉　　开票人：艾雪　　销售方：（章）

第二联：发票联　购买方记账凭证

税总函〔20××〕507号北京东港安全印制有限公司

图 5－5　增值税普通发票

【附件 2】转账支票存根如图 5－6 所示。

【会计凭证】根据相关单据，做记账凭证：

借：主营业务成本——发外制作成本　　5 000

　贷：银行存款——工商银行大连呼家楼支行　　5 000

中国工商银行
转账支票存根
10201232
06994846
附加信息
出票日期20××年04月07日
收款人：大连中远达人力资源有限公司
金额：￥5000.00
用途：劳务派遣管理费
单位主管 唐钢 会计 李丽

图 5-6 转账支票存根

【解析】

（1）如果按照劳务费核算，则必须签订合同，并由提供劳务方到税务局代开发票。在开出发票时劳务方就已经支付了个税，所以公司不需要再代扣个税。这种劳务费需要提供劳务发票作为成本费用入账。

（2）如果没有劳务费发票，则只能作为临时人员工资计入应付职工薪酬。此时代扣个税不应该按劳务费方式代扣，而是作为工资方式代扣。这种情况是允许计入工程成本的。

（3）如果是和劳务派遣公司签订的合同，由对方派遣员工到公司进行工作。那么由劳务公司开发票给公司。

（4）支付临聘人员劳务报酬，并代缴个人所得税时，应借记“主营业务成本”科目，贷记“库存现金”或“银行存款”及明细科目。

4. 支付电视台广告播出费

【经济业务 31】

20××年 4 月 8 日，大连龙甲门业有限公司的防盗门广告制作完成后，在本地电视台进行播放，通过银行转账支付大连金视文策广告有限公司（“营改增”试点地区一般纳税人）防盗门电视广告费 95 400 元，收到增值税专用发票，税率 6%，税额 5 400 元。

【附件 1】付款业务回单如图 5-7 所示。

【附件 2】增值税专用发票如图 5-8 所示。

【会计凭证】根据相关单据，做记账凭证：

借：应交税费——应交增值税（进项税额） 5 400

主营业务成本——广告发布成本 90 000

贷：银行存款——工商银行大连呼家楼支行 95 400

ICBC 中国工商银行　　　　凭证

业务回单（付款）

日期：20××年04月08日　　　　回单编号：06152497

付款人户名：大连嘉平广告传媒有限公司　　　　付款人开户行：中国工商银行大连呼家楼支行
付款人账号（卡号）：0302100001813　　　　收款人开户行：中国工商银行大连解放路支行
收款人户名：大连金视文策广告有限公司
收款人账号（卡号）：030201000036191　　　　小写：￥95400.00
金额：玖万伍仟肆佰元整
业务（产品）种类：转账　　凭证种类：000000000　　凭证号码：0000000000000000
摘要：支付大连金视文策广告发布费　　用途：　　币种：人民币
交易机构：0302100001813　记账柜员：00010　交易代码：02739865　　渠道：中间业务后台方式

中国工商银行股份有限公司大连呼家楼支行　自主回单机专用章　<003>

本回单为第2次打印，注意重复　打印日期：20××年04月08日　打印柜员：9　验证码：0210387

图 5-7　付款业务回单

2102113756　　大连增值税普通发票　　№ 10568405　2102113756　10568405

开票日期：20××年04月08日

购买方	名　　称：大连嘉平广告传媒有限公司 纳税人识别号：91210115776361217H 地址、电话：大连市旅顺口区阳光公寓1229室　0411-66320045 开户行及账号：中国工商银行大连呼家楼支行　0302100001813	密码区	29*>6>09756<65---86<67>47408 03-515919/8--00078+>404/27/6 6<<1-<246019+*38>2-1>01641+8 6/>8<436+/3-033*<2/85>46761<

货物或应税劳务、服务名称	规格型号	单位	数量	单价	金额	税率	税额
*广告服务*广告发布费		批	1	90000.00	90000.00	6%	5400.00
合　　计					￥90000.00		￥5400.00
价税合计（大写）	⊗玖万伍仟肆佰元整				（小写）￥95400.00		

销售方	名　　称：大连金视文策广告有限公司 纳税人识别号：91210103026117805E 地址、电话：辽宁省大连市高新技术产业园区黄浦路541号网估产大厦6楼608　0411-84979501 开户行及账号：中国工行银行大连解放路支行　030201000036191	备注	大连金视文策广告有限公司　91210103026117805E　发票专用章

收款人：伏瑶瑶　　复核：刘玉森　　开票人：孙磊　　销售方：（章）

税总函〔20××〕117号北京印钞有限公司

第三联：发票联　购买方记账凭证

图 5-8　增值税专用发票

➢ 5. 广告发布完成，收取余款

【经济业务 32】

20××年 4 月 10 日，大连龙甲门业有限公司防盗门电视广告播放完毕，通过银行转账收取广告制作及播放费余款 10 万元。

【附件 1】增值税专用发票如图 5-9 所示。

大连增值税普通发票

2102697325　　No 09136852　　2102697325 09136852

此联不作报销、扣税凭证使用　　开票日期：20××年04月10日

购买方	名称：大连龙甲门业有限公司 纳税人识别号：91210222112446792Y 地址、电话：辽宁省大连市中山区天津街53号 0411-82531988 开户行及账号：中国民生银行中山支行 520512441213645			密码区	-4091/96+8136696-+>+2>+72790 739*-*3+87483<3+*8>6<9>9>71+ 78-><8/15/47789<95<00*272/61 *249>>813/83+1>*009<<55>83>-		
货物或应税劳务、服务名称	规格型号	单位	数量	单价	金额	税率	税额
*广告服务*广告发布费			1	169811.32	169811.32	6%	10188.68
合计					¥169811.32		¥10188.68
价税合计（大写）	⊗壹拾捌万元整				（小写）¥180000.00		
销售方	名称：大连嘉平广告传媒有限公司 纳税人识别号：91210115776361217H 地址、电话：大连市旅顺口区阳光公寓1229室 0411-66320045 开户行及账号：中国工商银行大连市呼家楼支行 03021100001813			备注	（印章：大连嘉平广告传媒有限公司 91210115776361217H 发票专用章）		

收款人：王欢　　复核：唐钢　　开票人：李丽　　销售方：（章）

税总函〔20××〕3117号北京印钞有限公司

第一联：记账联　销售方记账凭证

图 5-9　增值税专用发票

【附件 2】收款业务回单如图 5-10 所示。

ICBC 中国工商银行　　凭证

业务回单（收款）

日期：20××年04月10日　　回单编号：03582904

付款人户名：大连龙甲门业有限公司　　付款人开户行：中国民生银行中山支行
付款人账号（卡号）：520512441213645　　收款人开户行：中国工商银行大连呼家楼支行
收款人户名：大连嘉平广告传媒有限公司
收款人账号（卡号）：0302100001813
金额：壹拾万元整　　小写：¥100000.00
业务（产品）种类：跨行收报　　凭证种类：000000000　　凭证号码：0000000000000000
摘要：收广告余款　　用途：广告制作费　　币种：人民币
交易机构：0125413684　　记账柜员：00023　　交易代码：52093　　渠道：其他
附言：
支付交易序号：　　报文种类：跨行收报　　委托日期：20××年04月10日
业务类型（种类）：

（印章：中国工商银行股份有限公司大连呼家楼支行 自主回单机专用章 <003>）

本回单为第1次打印，注意重复　　打印日期：20××年04月10日　　打印柜员：9　　验证码：2987979

图 5-10　收款业务回单

【会计凭证】根据相关单据，做记账凭证：

借：银行存款——工商银行大连呼家楼支行　　100 000
　　预收账款——大连龙甲门业有限公司　　80 000
　贷：应交税费——应交增值税（销项税额）　　10 188.68

　　　　主营业务收入——广告发布收入　　　　　　　　　　　　　169 811.32

【解析】广告发布完成，收取余款时，应借记“银行存款”“预收账款”及明细科目，贷记“主营业务收入”“应交税费”等科目。

6. 计算文化事业建设费

【经济业务 33】

20××年 4 月 30 日，计算应缴纳的文化事业建设费。

【附件】4 月税金及附加计提表，如表 5-1 所示。

表 5-1　4 月税金及附加计提表（简表）

编制单位：大连嘉平广告传媒有限公司　　　　20××年 4 月 30 日　　　　单位：元

文化事业建设费	计征金额	132 180.70
	征收率	0.03
	应纳金额	3 965.42
合计		3 965.42

审核：唐钢　　　　　　　　　　　　　　　　　制单：李丽

【会计凭证】根据相关单据，做记账凭证：

借：税金及附加　　　　　　　　　　　　　　　　　　　　3 965.42

　贷：应交税费——文化事业建设费　　　　　　　　　　　　3 965.42

【解析】

（1）广告服务需要缴纳文化事业建设费。缴纳文化事业建设费的单位和个人应按照提供广告服务取得的计费销售额和 3%的费率计算应缴费额。

（2）提供应税服务未达到增值税起征点的个人，免征文化事业建设费。增值税小规模纳税人中，月销售额不超过 2 万元（按季纳税 6 万元）的企业和非企业性单位提供的应税服务，免征文化事业建设费。

（3）计算文化建设费时，应借记“税金及附加”科目，贷记“应交税费”科目。

（二）购入需要安装的固定资产

【经济业务 34】

20××年 4 月 25 日，公司为媒介部购入大连中凯办公用品批发中心的一台需要安装的印刷机，增值税专用发票上注明购买柯美 C2060 型号印刷机 1 台，单价为 22 500 元，税率为 13%，增值税税额为 2 925 元；支付的安装费为 5 000 元，增值税税额为 450 元。款项已通过银行转账支付。设备如期安装完毕，并投入使用。

【附件 1】增值税专用发票如图 5-11 所示。

【附件 2】增值税专用发票如图 5-12 所示。

【附件 3】银行付款业务回单如图 5-13 所示。

【会计凭证】根据相关单据，编制会计分录：

借：在建工程——印刷机柯美 C2060　　　　　　　　　　　　27 500

　　应交税费——应交增值税（进项税额）　　　　　　　　　3 375

　贷：银行存款——工商银行大连呼家楼支行　　　　　　　　　30 875

2102487756　　**大连增值税专用发票**　　No 01263242　2102487756 01263242

发票联

开票日期：20××年04月25日

购买方	名称：大连嘉平广告传媒有限公司 纳税人识别号：91210115776361217H 地址、电话：大连市旅顺口区阳光公寓1229室 0411-66320045 开户行及账号：中国工商银行大连呼家楼支行 0302100001813	密码区	7394+<4*>39>34>3617<*0>87-*/ 17///-2+27*9960/4*2<2+><1>88 /06>54*07*787+6/59*/2561738* <740203<-1992>>+7/*714/<</7*

货物或应税劳务、服务名称	规格型号	单位	数量	单价	金额	税率	税额
*印刷专用设备*印刷机柯美	C2060	台	1	22500.00	22500.00	13%	2925.00
合计					¥22500.00		¥2925.00
价税合计（大写）	⊗贰万伍仟肆佰贰拾伍元整				（小写）¥25425.00		

销售方	名称：大连中凯办公用品批发中心 纳税人识别号：912101125054339276 地址、电话：辽宁省大连市中山区人民路61号凯美大厦 0411-82188806 开户行及账号：中国工商银行大连解放路支行 2697224541094321041	备注	大连中凯办公用品批发中心 912101125054339276 发票专用章

收款人：王欢　　复核：唐钢　　开票人：李丽　　销售方（章）

税总函〔20××〕117号北京印钞有限公司

第三联：发票联 购买方记账凭证

图 5-11　增值税专用发票

2102487756　　**大连增值税专用发票**　　No 01263241　2102487756 01263241

发票联

开票日期：20××年04月25日

购买方	名称：大连嘉平广告传媒有限公司 纳税人识别号：91210115776361217H 地址、电话：大连市旅顺口区阳光公寓1229室 0411-66320045 开户行及账号：中国工商银行大连呼家楼支行 0302100001813	密码区	*8308/57//-<78+1**>476939<21 *+64843+/<><6/-33>59<++5><*5 284//8+/9242>0423-54<-+-791* 56>3>458009/1557>3/6*72+*4+*

货物或应税劳务、服务名称	规格型号	单位	数量	单价	金额	税率	税额
*建筑服务*安装服务费		次	1	5000.00	5000.00	9%	450.00
合计					¥5000.00		¥450.00
价税合计（大写）	⊗伍仟肆佰伍拾元整				（小写）¥5450.00		

销售方	名称：大连中凯办公用品批发中心 纳税人识别号：912101125054339276 地址、电话：辽宁省大连市中山区人民路61号凯美大厦 0411-82188806 开户行及账号：中国工商银行大连解放路支行 2697224541094321041	备注	大连中凯办公用品批发中心 912101125054339276 发票专用章

收款人：刘云　　复核：张钰　　开票人：李绣英　　销售方：（章）

税总函〔20××〕117号北京印钞有限公司

第三联：发票联 购买方记账凭证

图 5-12　增值税专用发票

ICBC 中国工商银行 凭证

业务回单（付款）

日期：20××年04月25日 回单编号：06592037

付款人户名：大连嘉平广告传媒有限公司 付款人开户行：中国工商银行大连呼家楼支行
付款人账号（卡号）：0302100001813 收款人开户行：中国工商银行大连解放路支行
收款人户名：大连中恺办公用品批发中心
收款人账号（卡号）：2697224541094321041 小写：¥30875.00
金额：叁万零捌佰柒拾伍元整
业务（产品）种类：转账 凭证种类：000000000 凭证号码：0000000000000000
摘要：购入印刷机柯美C2060 用途： 币种：人民币
交易机构：0302100001813 记账柜员：00010 交易代码：85317942 渠道：中间业务后台方式

中国工商银行股份有限公司大连呼家楼支行 自主回单机专用章 <003>

本回单为第2次打印，注意重复 打印日期：20××年04月25日 打印柜员：9 验证码：8234510

图 5-13 银行付款业务回单

【解析】

（1）购买需要安装的固定资产和不需要安装的固定资产主要区别在于固定资产的确认时间和后续费用的会计处理不同。

（2）购买需要安装的固定资产，通常是在资产安装调试完毕达到预定可使用状态后才确认为企业的资产，其资产的初始确认价值中包括相关的安装调试费用。后续发生的调试费用等视情况不同，若是符合资产的确定条件则予以资本化，否则直接计入当期费用。安装完成之后，予以资本化的由“在建工程”科目转入“固定资产”科目。

【经济业务 35】

20××年 4 月 30 日，印刷机安装完毕投入使用时，结转固定资产。下月开始计提折旧，折旧年限为 10 年，采用年限平均法，残值为 1 375 元，月折旧额为 217.71 元。

【附件】工程验收单如图 5-14 所示。

工程验收单

20××年 04 月 30 日 单位：元

固定资产名称	规格型号	单位	数量	单位价格	实际成本			
					价款	运费	安装费	合计
印刷机柯美	C2060	台	1	22 500.00	22 500.00		5 000.00	27 500.00
取得方式	购入			生产单位	大连中凯办公用品批发中心			
使用部门	媒介部			预计使用年限	10 年			
验收日期	20××0430			使用日期	20××0430			

第二联 会计凭证

设备主管：严伟 经办人：唐钢

图 5-14 工程验收单

【会计凭证】根据相关单据，做记账凭证：

借：固定资产——印刷机柯美 C2060 27 500

　贷：在建工程——印刷机柯美 C2060 27 500

【解析】购买需要安装的固定资产，通常是在资产安装调试完毕达到预定可使用状态后才确认为企业的资产，其资产的初始确认价值中包括相关的安装调试费用。后续发生的调试费用等视情况不同，若是符合资产的确定条件则予以资本化，否则直接计入当期费用。安装完成之后，予以资本化的由“在建工程”科目转入“固定资产”科目。

（三）预缴一季度企业所得税

【经济业务 36】

预缴第一季度企业所得税。

【附件】电子缴税付款凭证如图 5－15 所示。

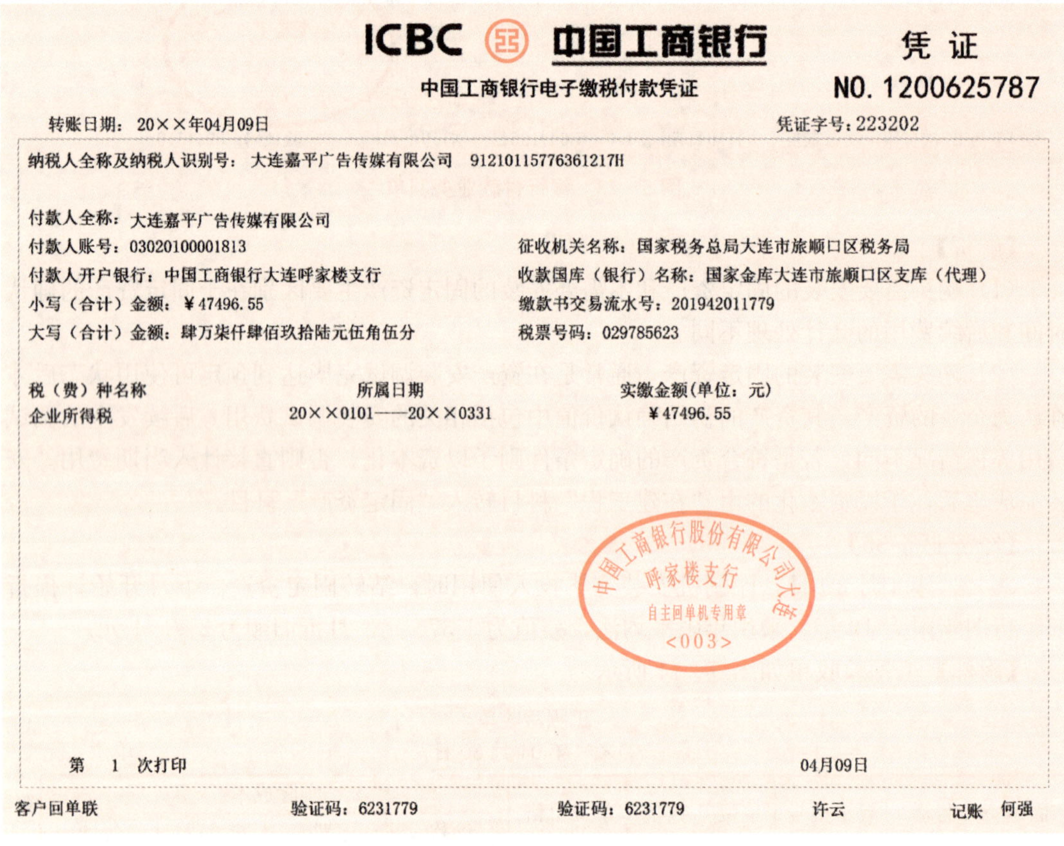

ICBC 中国工商银行 凭证

中国工商银行电子缴税付款凭证 NO. 1200625787

转账日期：20××年04月09日 凭证字号：223202

纳税人全称及纳税人识别号：大连嘉平广告传媒有限公司 91210115776361217H

付款人全称：大连嘉平广告传媒有限公司

付款人账号：03020100001813 征收机关名称：国家税务总局大连市旅顺口区税务局

付款人开户银行：中国工商银行大连呼家楼支行 收款国库（银行）名称：国家金库大连市旅顺口区支库（代理）

小写（合计）金额：￥47496.55 缴款书交易流水号：201942011779

大写（合计）金额：肆万柒仟肆佰玖拾陆元伍角伍分 税票号码：029785623

税（费）种名称	所属日期	实缴金额(单位：元)
企业所得税	20××0101——20××0331	￥47496.55

第 1 次打印 04月09日

客户回单联 验证码：6231779 验证码：6231779 许云 记账 何强

图 5－15 电子缴税付款凭证

【会计凭证】根据相关单据，编制分计分录：

借：应交税费——应交所得税 47 496.55

　贷：银行存款——工商银行大连呼家楼支行 47 496.55

【解析】

（1）法定企业所得税的税率为 25％的比例税率。国家需要重点扶持的高新技术企业，减按 15％的税率征收企业所得税。小型微利企业为 20％，非居民企业为 20％。

（2）企业应纳所得税额＝当期应纳税所得额×适用税率。

（3）应纳税所得额＝收入总额－不征税收入－免税收入－准予扣除项目金额－允许弥补的以前年度的亏损。

（4）预缴第一季度企业所得税，应借记“应交税费及明细”科目，贷记“银行存款”及明细科目。

（5）自 2019 年 1 月 1 日至 2021 年 12 月 31 日，对小型微利企业年应纳税所得额不超过 100 万元的部分，减按 25％计入应纳税所得额，按 20％的税率缴纳企业所得税；对年应纳税所得额超过 100 万元但不超过 300 万元的部分，减按 50％计入应纳税所得额，按 20％的税率缴纳企业所得税。

（四）企业所得税月（季）度预缴纳税申报表的填写

企业所得税一季度预缴纳税申报表如表 5－2 所示。

表 5－2 一季度企业所得税预缴纳税申报表

A200000

税款所属时间：20××年 01 月 01 日至 20××年 03 月 31 日

纳税人识别号（统一社会信用代码）：91210115776361217H

纳税人名称（公章）：大连嘉平广告传媒有限公司

跨省总机构行政区划		120000 天津市	金额单位：人民币元（列至角分）
预缴方式	√按照实际利润额预缴	按照上一纳税年度应纳税所得额平均额预缴	按照税务机关确定的其他方法预缴
企业类型	√一般企业	跨地区经营汇总纳税企业总机构	跨地区经营汇总纳税企业分支机构

预缴税款计算		
行次	项目	本年累计金额
1	营业收入	3 407 344. 30
2	营业成本	2 166 388. 10
3	利润总额	949 930. 90
4	加：特定业务计算的应纳税所得额	0. 00
5	减：不征税收入	0. 00
6	减：免税收入、减计收入、所得减免等优惠金额（填写 A201010）	0. 00
7	减：固定资产加速折旧（扣除）调减额（填写 A201020）	0. 00
8	减：弥补以前年度亏损	0. 00
9	实际利润额（3＋4－5－6－7－8）＼按照上一纳税年度应纳税所得额平均额确定的应纳税所得额	949 930. 90
10	税率（25％）	0. 25
11	应纳所得税额（9×10）	237 482. 73
12	减：减免所得税额（填写 A201030）	189 986. 18
13	减：实际已缴纳所得税额	0. 00
14	减：特定业务预缴（征）所得税额	0. 00
15	本期应补（退）所得税额（11－12－13－14）＼税务机关确定的本期应纳所得税额	47 496. 55

续表

行次	项目			本年累计金额
汇总纳税企业总分机构税款计算				
16	总机构填报	总机构本期分摊应补（退）所得税额（17＋18＋19）		0.00
17		其中：总机构分摊应补（退）所得税额（15×总机构分摊比例）	25.00%	0.00
18		财政集中分配应补（退）所得税额（15×财政集中分配比例）	25.00%	0.00
19		总机构具有主体生产经营职能的部门分摊所得税额（15×全部分支机构分摊比例×总机构具有主体生产经营职能部门分摊比例）	50.00% 0.000 000 000 0	0.00
20	分支机构填报	分支机构本期分摊比例		0.000 000 000 0
21		分支机构本期分摊应补（退）所得税额		0.00

附报信息					
高新技术企业	是	√否	科技型中小企业	是	√否
技术入股递延纳税事项	是	√否			
按季度填报信息					
季初从业人数	21		季末从业人数	21	
季初资产总额（万元）	269.94		季末资产总额（万元）	239.66	
国家限制或禁止行业	是	√否	小型微利企业	√是	否
办理人员身份证件类型			办理人员身份证件号码		
是否代理申报	是	√否	办理人		
代理申报中介机构			代理申报日期		
经办人			经办人执业证件号码		

谨声明：此纳税申报表是根据《中华人民共和国企业所得税法》《中华人民共和国企业所得税法实施条例》和国家有关税收规定填报的，是真实的、可靠的、完整的。

法定代表人（签字）：　　年　月　日

纳税人公章：	代理申报中介机构公章：	主管税务机关受理专用章：
会计主管：	经办人：	受理人：
	经办人执业证件号码：	
填表日期：　年　月　日	代理申报日期：　年　月　日	受理日期：　年　月　日

（五）4月日常业务数据表

4月日常业务处理方法同1月。4月日常业务数据如表5-3所示。

表 5-3 4月日常业务数据表

单位：元

项目	内容	数据
计提类	工资	97 000.00
	社保	15 055.20
	公积金	9 603.00
	工会经费	1 940.00
	折旧	5 594.44
	税金及附加	4 680.33
	印花税	7.83
缴纳类	相关税费	39 860.25
	社险	23 745.60
	公积金	9 603.00
	工会经费	5 820.00
结转类	本月未交增值税	5 957.57
	各项收入	1 101 026.60
	各项成本费用	1 114 688.53
其他业务	发工资	78 027.51

二、5月会计业务处理

（一）广告制作代理的会计处理

广告制作包括电视广告制作、影视广告制作、户外广告制作、平面广告制作等。

1. 签订广告制作代理合同，收取定金

【经济业务 37】

20××年5月16日，大连嘉平广告传媒有限公司与大连依雅文化有限公司签订广告合同，包括企业前期问卷调查、形象策划、画册设计与制作、喷绘广告制作、效果评估调查等内容。合同总金额为42 400元，其中调查费、设计费16 000元，制作费26 400元。签订合同后，大连依雅文化有限公司通过银行转账预付20 000元，余款于完成时支付。

【附件1】收款业务回单如图5-16所示。

【附件2】往来收据如图5-17所示。

【会计凭证】根据相关单据，做记账凭证：

借：银行存款——工商银行大连呼家楼支行　　20 000

ICBC 中国工商银行　　凭证

业务回单（收款）

日期：20××年05月16日　　回单编号：08397561

付款人户名：大连依雅文化有限公司　　付款人开户行：中国农业银行股份有限公司大连凤光支行
付款人账号（卡号）：0302121900008261　　收款人开户行：中国工商银行大连呼家楼支行
收款人户名：大连嘉平广告传媒有限公司
收款人账号（卡号）：0302100001813
金额：贰万元整　　小写：¥20000.00
业务（产品）种类：跨行收报　　凭证种类：000000000　　凭证号码：0000000000000000
摘要：预收广告制作费　　用途：广告制作费　　币种：人民币
交易机构：012542486　　记账柜员：00023　　交易代码：52093　　渠道：其他
附言：预收广告制作费
支付交易序号：　　报文种类：跨行收报　　委托日期：20××年05月16日
业务类型（种类）：普通汇兑

（印章：中国工商银行股份有限公司大连呼家楼支行 自主回单机专用章 <003>）

本回单为第1次打印，注意重复　　打印日期：20××年05月16日　　打印柜员：9　　验证码：D123242

图 5-16　收款业务回单

大连市企业单位
往来收据

20××年 05 月 16 日　　№00549716

今收到：大连依雅文化有限公司
交来：银行转账预付广告合同款
人民币（大写）：贰万元整　　¥20000.00
收款单位公章：（印章：大连嘉平广告传媒有限公司）　　收款人：王欢　　交款人：高峡

注：本收据只作为一切单位之间的“应收应付”“暂收暂付款”结算往来账款凭证，不得以本收据代替发票使用。

大连会计用品有限公司　　第三联：记账联

图 5-17　往来收据

贷：预收账款——大连依雅文化有限公司　　20 000

【解析】签订广告制作代理合同，收取定金时，应借记“银行存款”科目，贷记“预收账款”科目。

2. 支付调查及评估费

【经济业务 38】

20××年 5 月 17 日，出纳签发银行转账支票，支付北京东源展览有限公司（“营改增”试点地区小规模纳税人）问卷调查和评估费用 3 850 元。

【附件 1】转账支票存根如图 5-18 所示。

中国工商银行
转账支票存根
10201232
07104828
附加信息
出票日期20××年 05月 17日
收款人：北京东源展览有限公司
金　额：￥3850.00
用　途：支付调查及评估费
单位主管 唐钢　会计 李丽

图 5-18　转账支票存根

【附件 2】增值税普通发票如图 5-19 所示。

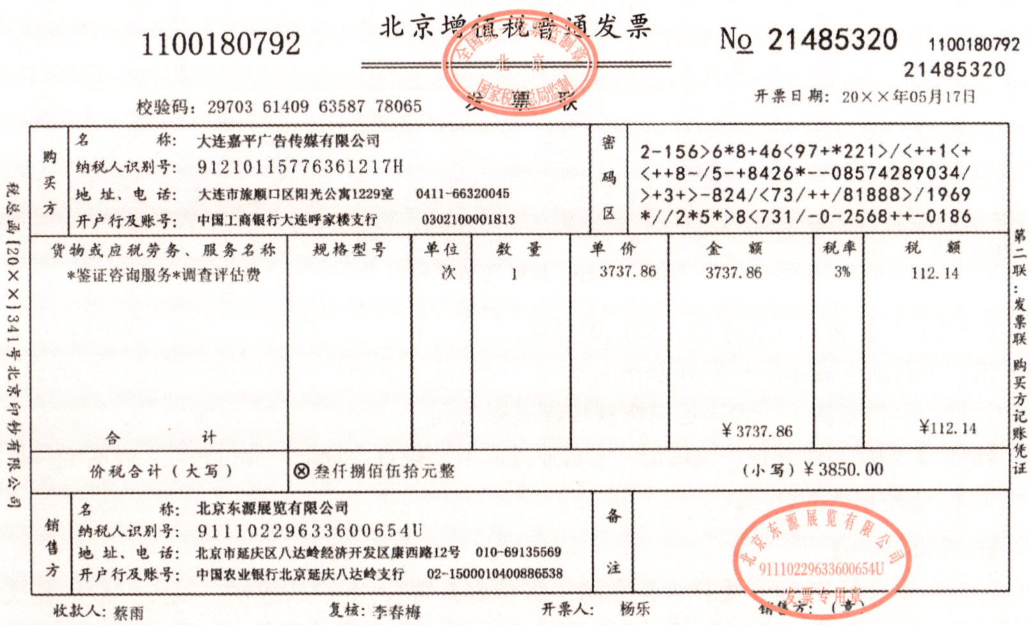
北京增值税普通发票

1100180792　　No 21485320　1100180792　21485320

校验码：29703 61409 63587 78065　　发票联　　开票日期：20××年05月17日

购买方	名　　称：大连嘉平广告传媒有限公司 纳税人识别号：91210115776361217H 地 址、电 话：大连市旅顺口区阳光公寓1229室　0411-66320045 开户行及账号：中国工商银行大连呼家楼支行　0302100001813	密码区	2-156>6*8+46<97+*221>/<++1<+ <++8-/5-+8426*--08574289034/ >+3+>-824/<73/++/81888>/1969 *//2*5*>8<731/-0-2568++-0186

货物或应税劳务、服务名称	规格型号	单位	数量	单价	金额	税率	税额
*鉴证咨询服务*调查评估费		次	1	3737.86	3737.86	3%	112.14
合　计					￥3737.86		￥112.14
价税合计（大写）	⊗叁仟捌佰伍拾元整				（小写）￥3850.00		

销售方	名　　称：北京东源展览有限公司 纳税人识别号：91110229633600654U 地 址、电 话：北京市延庆区八达岭经济开发区康西路12号　010-69135569 开户行及账号：中国农业银行北京延庆八达岭支行　02-1500010400886538	备注	

收款人：蔡雨　　复核：李春梅　　开票人：杨乐　　销售方：（章）

税总函[20××]341号北京印钞有限公司

第二联：发票联　购买方记账凭证

图 5-19　增值税普通发票

【会计凭证】根据相关单据，做记账凭证：

借：主营业务成本——发外制作成本　　3 850

　贷：银行存款——工商银行大连呼家楼支行　　3 850

【解析】支付调查及评估费，应借记“主营业务成本”科目，贷记“银行存款”及明细科目。

3. 画册制作外包

【经济业务 39】

20××年 5 月 20 日，支付大连远航影视传媒有限公司画册制作费 5 300 元，款项已通过银行存款支付。

【附件】增值税普通发票如图 5－20 所示。

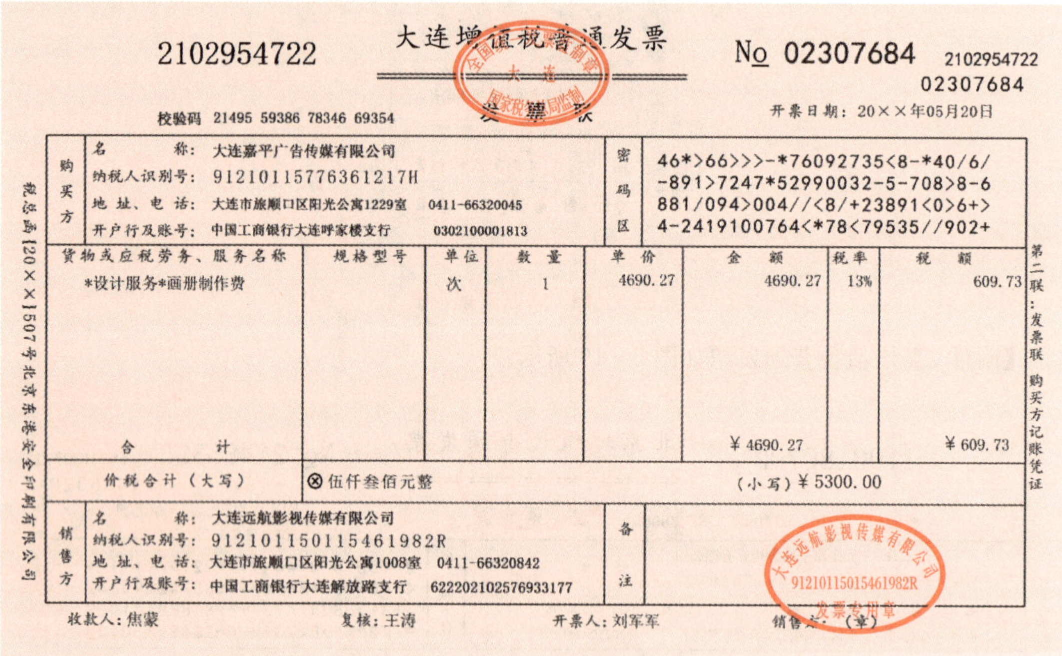

2102954722 大连增值税普通发票 № 02307684 2102954722 02307684

发票联

校验码 21495 59386 78346 69354 开票日期：20××年05月20日

购买方	名称：大连嘉平广告传媒有限公司 纳税人识别号：91210115776361217H 地址、电话：大连市旅顺口区阳光公寓1229室 0411-66320045 开户行及账号：中国工商银行大连呼家楼支行 0302100001813			密码区	46*>66>>>-*76092735<8-*40/6/ -891>7247*52990032-5-708>8-6 881/094>004//<8/+23891<0>6+> 4-2419100764<*78<79535//902+		
货物或应税劳务、服务名称	规格型号	单位	数量	单价	金额	税率	税额
*设计服务*画册制作费		次	1	4690.27	4690.27	13%	609.73
合计					¥4690.27		¥609.73
价税合计（大写）	⊗伍仟叁佰元整				（小写）¥5300.00		
销售方	名称：大连远航影视传媒有限公司 纳税人识别号：912101150115461982R 地址、电话：大连市旅顺口区阳光公寓1008室 0411-66320842 开户行及账号：中国工商银行大连解放路支行 622202102576933177			备注			

收款人：焦蒙 复核：王涛 开票人：刘军军 销售方：（章）

第二联：发票联 购买方记账凭证

税总函[20××]507号北京东港安全印刷有限公司

图 5－20 增值税普通发票

【会计凭证】根据相关单据，做记账凭证：

借：主营业务成本——发外制作成本 5 300

　贷：应付账款——大连远航影视传媒有限公司 5 300

【解析】画册制作外包，应借记“主营业务成本”科目，贷记“应付账款”及明细科目。

4. 喷绘制作外包

【经济业务 40】

20××年 5 月 20 日，委托大连龙腾广告传媒有限公司（“营改增”试点一般纳税人）进行喷绘制作，双方约定制作费用为含税 6 890 元，收到增值税专用发票，税率为 6%，税额为 390 元，款项尚未支付。

【附件】增值税专用发票如图 5－21 所示。

【会计凭证】根据相关单据，做记账凭证：

借：应交税费——应交增值税（进项税额） 390

　　主营业务成本——发外制作成本 6 500

　贷：应付账款——大连龙腾广告传媒有限公司 6 890

大连增值税专用发票

2102676713 No 03087560 2102676713 03087560

发票联

开票日期：20××年05月20日

购买方	名　　称：大连嘉平广告传媒有限公司 纳税人识别号：91210115776361217H 地 址、电 话：大连市旅顺口区阳光公寓1229室 0411-66320045 开户行及账号：中国工商银行大连呼家楼支行 0302100001813	密码区	191470408++19014794122*9+070 077235<+7+*99763-+/33273/>65 >6**6/*--3+*-6/9894<9116/769 /6+3957/35-668<+2+16/>4/-/+/

货物或应税劳务、服务名称	规格型号	单位	数量	单价	金额	税率	税额
*广告服务*喷绘制作费		批	1	6500.00	6500.00	6%	390.00
合　　计					¥6500.00		¥390.00
价税合计（大写）	⊗陆仟捌佰玖拾元整				（小写）¥6890.00		

销售方	名　　称：大连龙腾广告传媒有限公司 纳税人识别号：91210111444668585F 地 址、电 话：辽宁省大连市甘子井区红凌路399号 0411-84729111 开户行及账号：中国建设银行大连栾金支行 21014210018135	备注	大连龙腾广告传媒有限公司 91210111444668585F 发票专用章

收款人：解秀　　复核：佟非凡　　开票人：杨华　　销售方：（章）

税总函〔20××〕117号北京印钞有限公司

第三联：发票联 购买方记账凭证

图 5－21 增值税专用发票

【解析】喷绘制作外包，应借记“应交税费”“主营业务成本”等科目，贷记“应付账款”科目。

➢ 5. 画册制作完成，收取余款

【经济业务 41】

20××年 5 月 25 日广告合同制作完成，收到大连依雅文化有限公司银行转账 62 400 元。

【附件 1】收款业务回单如图 5－22 所示。

ICBC 中国工商银行　　凭证

业务回单（收款）

日期：20××年05月25日　　回单编号：03068751

付款人户名：大连依雅文化有限公司　　付款人开户行：中国农业银行大连风光支行

付款人账号（卡号）：030121900008261

收款人户名：大连嘉平广告传媒有限公司　　收款人开户行：中国工商银行大连呼家楼支行

收款人账号（卡号）：0302100001813

金额：陆万贰仟肆佰元整　　小写：¥62400.00

业务（产品）种类：跨行收报　　凭证种类：000000000　　凭证号码：000000000000000000

摘要：收取画册余款　　用途：画册制作　　币种：人民币

交易机构：012545624　　记账柜员：00023　　交易代码：52093　　渠道：其他

附言：

支付交易序号：　　报文种类：跨行收报　　委托日期：20××年05月25日

业务类型（种类）：普通汇兑

中国工商银行股份有限公司大连呼家楼支行 自主回单机专用章 <003>

本回单为第1次打印，注意重复　　打印日期：20××年05月25日　　打印柜员：9　　验证码：4357686

图 5－22 收款业务回单

【附件 2】增值税专用发票如图 5-23 所示。

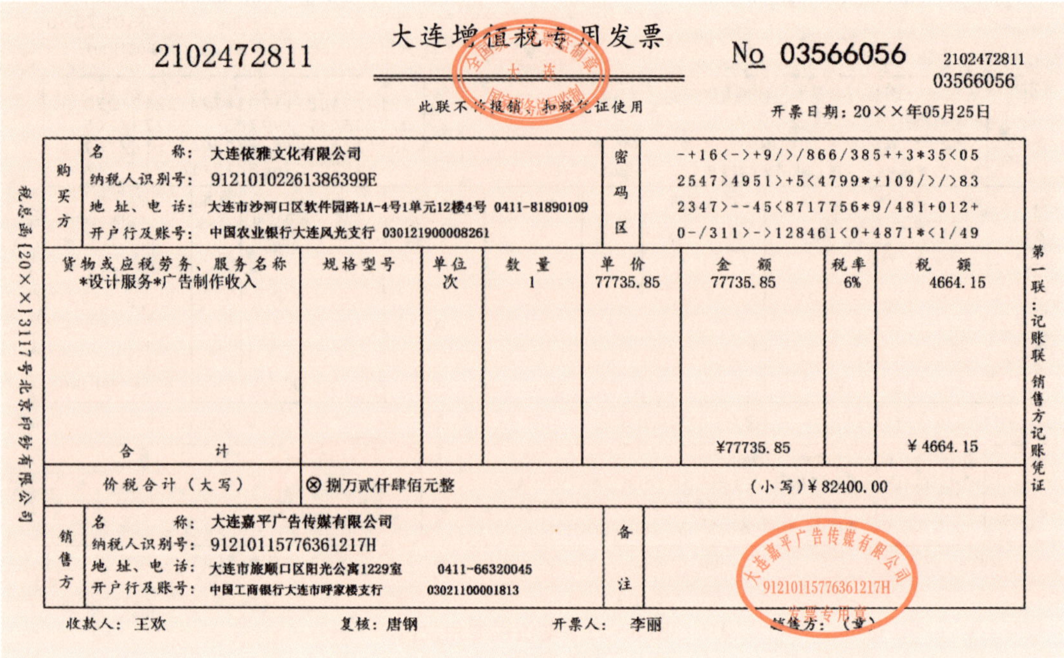

2102472811　大连增值税专用发票　№ 03566056　2102472811 03566056

此联不作报销、扣税凭证使用　开票日期：20××年05月25日

购买方	名　　称：大连依雅文化有限公司 纳税人识别号：91210102261386399E 地 址、电 话：大连市沙河口区软件园路1A-4号1单元12楼4号 0411-81890109 开户行及账号：中国农业银行大连风光支行 030121900008261	密码区	-+16<->+9/>/866/385++3*35<05 2547>4951>+5<4799*+109/>/>83 2347>--45<8717756*9/481+012+ 0-/311>->128461<0+4871*<1/49

货物或应税劳务、服务名称	规格型号	单位	数量	单价	金额	税率	税额
*设计服务*广告制作收入		次	1	77735.85	77735.85	6%	4664.15
合　　计					¥77735.85		¥4664.15
价税合计（大写）	⊗捌万贰仟肆佰元整				（小写）¥82400.00		

销售方	名　　称：大连嘉平广告传媒有限公司 纳税人识别号：91210115776361217H 地 址、电 话：大连市旅顺口区阳光公寓1229室 0411-66320045 开户行及账号：中国工商银行大连市呼家楼支行 03021100001813	备注	

收款人：王欢　复核：唐钢　开票人：李丽　销售方：（章）

税总函[20××]3117号北京印钞有限公司

第一联：记账联　销售方记账凭证

图 5-23　增值税专用发票

【会计凭证】根据相关单据，做记账凭证：

借：银行存款——工商银行大连呼家楼支行　62 400

　　预收账款——大连依雅文化有限公司　20 000

　贷：应交税费——应交增值税（销项税额）　4 664.15

　　　主营业务收入——广告制作收入　77 735.85

【解析】画册制作完成，收取余款，应借记“银行存款”及明细科目、“预收账款”科目，贷记“主营业务收入”“应交税费”科目。

（二）短期借款

短期借款是借款的一种，与之相对的是长期借款。对我国的会计实务而言，短期借款是指企业为维持正常的生产经营所需的资金或为抵偿某项债务而向银行或其他金融机构等外单位借入的、还款期限在 1 年以下（含 1 年）的各种借款。短期借款主要有经营周转借款、临时借款、结算借款、票据贴现借款、卖方信贷、预购定金借款和专项储备借款等。

短期借款的核算主要包括三个方面的内容：第一，取得借款的核算；第二，借款利息的核算；第三，归还借款的核算。短期借款一般期限不长，通常在取得借款日，按取得的金额入账。短期借款利息支出，是企业日常活动中为筹集资金而发生的耗费，应作为一项财务费用计入当期损益。由于利息支付的方式不同，其会计核算也不完全一样。若短期借款的利息按月计收，或还本付息一次进行，但利息数额不大时，利息费用可直接计入当期损益；若短期借款的利息按季（或半年）计收，或还本付息一次进行，但利息数额较大时，则可采用预提的方式按月预提、确认。

【经济业务 42】

20××年 5 月 10 日，公司向银行借入期限为 6 个月的短期借款 50 000 元，借款时年利率为 6%，按月计提利息，到期还本付息。

【附件】短期借款收据如图 5－24 所示。

ICBC 中国工商银行 小企业法人授信业务借据

填写日期:20××年 05 月 10 日　　　　借据编号:245913078656027483

借款人全称	大连嘉平广告传媒有限公司				
放款账户户名	大连嘉平广告传媒有限公司		放款账户账号	0302100001813	
借款金额	人民币（大写）　伍万元整			（小写）￥50000.00	
借款种类	小企业流动资金贷款		借款利率（年）	6%	
借款期限	6个月，起止日期：从20××年 05 月 10 日 至 20××年 11 月 10 日				
借款用途	流动资金需要	还款方式	到期一次还本付息	宽限期（月）	
保证上列借款按所填用途使用，并按所填还款方式按期归还贷款本金和利息。 法定代表人或委托代理人（签字或签章）：张涛 法定代表人或委托代理人联系电话:0411-663200·5 公章：　　日期:20××年 05 月 10 日					

（第二联　客户联）

经办人：李秀芳　　　　复核人：许云

图 5－24　短期借款收据

【会计凭证】根据相关单据，做记账凭证：

借：银行存款——工商银行大连呼家楼支行　　50 000

　贷：短期借款　　50 000

【解析】发生短期借款时，应借记“银行存款”及明细科目，贷记“短期借款”科目。

（三）5 月日常业务数据表

5 月日常业务处理方法同 1 月。5 月日常业务数据如表 5－4 所示。

表 5－4　5 月日常业务数据表

单位：元

项目	内容	数据
计提类	工资	97 000.00
	社保	15 055.20
	公积金	9 603.00
	工会经费	1 940.00
	折旧	5 812.15

续表

项目	内容	数据
缴纳类	税金及附加	5 169.35
	印花税	2.50
	相关税费	4 176.24
	社险	23 745.00
	公积金	9 603.00
	工会经费	0.00
结转类	本月未交增值税	21 501.00
	各项收入	1 109 595.14
	各项成本费用	898 657.35
其他业务	发工资	78 027.51

三、6月会计业务处理

（一）户外广告设施经营权取得的会计处理

户外广告特许经营是指行政机关依法赋予公民、法人或者其他组织利用公共载体设置和经营户外广告的行政许可。而公民、法人或者其他组织经许可而获得的利用公共载体设置和经营户外广告的权利则被称为户外广告特许经营权。

1. 参与户外广告设施经营权投标，购买招标文件

项目招标投标的基本程序：

（1）由招标单位发出招标信息（可以是公告），说明拟交易的建设项目及交易条件，邀请承包人在指定的期限内提出投标方案和投标报价。

（2）投标人首先取得招标文件，认真分析研究后（在现场实地考察），编制投标书。投标书的内容必须十分明确。中标后与招标人签订合同所要包含的重要内容应全部列入投标书，并在有效期内不得撤回投标书、变更投标书报价或对投标书内容作实质性修改。

（3）招标人依据法定程序选择专家组成评标委员会，制定统一的评标规则，对所有投标单位的报价和方案进行分析和比较，选择其中条件最有利的投标人作为中标人，与之签订合同，在履约中使建设项目付诸实施。

投标涉及的费用主要分中标前期费用和中标后期费用。中标前期费用主要有差旅费、住宿费、购买招标文件费、制作投标文件费、专家评审费、交纳保证金等；中标后期费用主要有招标代理费、履约保证金、合同费用及税金等。这些费用具体由招投标哪一方承担视具体情况而定。

【经济业务 43】

20××年6月16日，大连嘉平广告传媒有限公司参与大连启程招标代理有限公司关于友谊商城西侧墙广告位招标，并购买招标文件，支付现金200元。

【附件】增值税普通发票如图5-25所示。

2102563117　　大连增值税普通发票　　№ 06142801　2102563117 06142801

发票联

校验码 93071 01924 59638 19053　　开票日期：20××年06月16日

购买方	名称：大连嘉平广告传媒有限公司 纳税人识别号：91210115776361217H 地址、电话：大连市旅顺口区阳光公寓1229室　0411-66320045 开户行及账号：中国工商银行大连呼家楼支行　0302100001813	密码区	-6-2<*36065+*057>60*738-*-12 4+831487200>18289-7829<03228 26+93217653+60>/4-416850/8<3 *5/44/31-2798-6204/</*242<8

货物或应税劳务、服务名称	规格型号	单位	数量	单价	金额	税率	税额
*鉴证咨询服务*招标文件费		次	1	188.68	188.68	6%	11.32
合　　计					¥188.68		¥11.32
价税合计（大写）	⊗贰佰元整				（小写）¥200.00		

销售方	名称：大连启程招标代理有限公司 纳税人识别号：91210121408660157C 地址、电话：大连市金州区斯大林路06号　0411-87860643 开户行及账号：中国工商银行大连红星支行　622202846276930549	备注	

收款人：陈琦　　复核：白文　　开票人：陈静　　销售方：（章）

税总函〔20××〕507号北京东港安全印刷有限公司

第二联：发票联　购买方记账凭证

（印章：全国统一发票监制章 大连 国家税务总局监制；大连启程招标代理有限公司 91210121408660157C 发票专用章）

图 5－25　增值税普通发票

【会计凭证】根据相关单据，做记账凭证：

借：管理费用——办公费　　200

　贷：库存现金　　200

【解析】

（1）参照《政府采购货物和服务招标投标管理办法》第二十条规定，采购人或者采购代理机构应当根据采购项目的特点和采购需求编制招标文件。招标文件应当包括以下主要内容：

1）投标邀请；

2）投标人须知（包括投标文件的密封、签署、盖章要求等）；

3）投标人应当提交的资格、资信证明文件；

4）为落实政府采购政策，采购标的需满足的要求，以及投标人须提供的证明材料；

5）投标文件编制要求、投标报价要求和投标保证金交纳、退还方式以及不予退还投标保证金的情形；

6）采购项目预算金额，设定最高限价的，还应当公开最高限价；

7）采购项目的技术规格、数量、服务标准、验收等要求，包括附件、图纸等；

8）拟签订的合同文本；

9）货物、服务提供的时间、地点、方式；

10）采购资金的支付方式、时间、条件；

11）评标方法、评标标准和投标无效情形；

12）投标有效期；

13）投标截止时间、开标时间及地点；

14）采购代理机构代理费用的收取标准和方式；

15）投标人信用信息查询渠道及截止时点、信用信息查询记录和证据留存的具体方式、信用信息的使用规则等；

16）省级以上财政部门规定的其他事项。

对于不允许偏离的实质性要求和条件，采购人或者采购代理机构应当在招标文件中规定，并以醒目的方式标明。

实际的招标文件必包含：公开招标公告、招标需求、投标人须知、评标方法和标准、合同主要条款、投标文件格式。

（2）参与户外广告设施经营权投标，购买招标文件时，应借记“管理费用”科目，贷记“库存现金”科目。

2. 缴纳投标保证金

【经济业务 44】

20××年 6 月 20 日，大连嘉平广告传媒有限公司以银行转账方式支付大连启程招标代理有限公司投标保证金 10 000 元。

【附件】付款业务回单如图 5－26 所示。

ICBC 中国工商银行　　凭证

业务回单（付款）

日期：20××年06月20日　　回单编号：04210673

付款人户名：大连嘉平广告传媒有限公司　　付款人开户行：中国工商银行大连呼家楼支行

付款人账号（卡号）：0302100001813

收款人户名：大连启程招标代理有限公司　　收款人开户行：中国工商银行大连红星支行

收款人账号（卡号）：622202846276930549

金额：壹万元整　　小写：¥10000.00

业务（产品）种类：转账　　凭证种类：000000000　　凭证号码：00000000000000000

摘要：支付投标保证金　　用途：　　币种：人民币

交易机构：0302100001813　记账柜员：00010　交易代码：13602785　渠道：中间业务后台方式

中国工商银行股份有限公司大连呼家楼支行 自主回单机专用章 <003>

本回单为第2次打印，注意重复　打印日期：20××年06月20日　打印柜员：9　验证码：5740812

图 5－26　银行付款业务回单

【会计凭证】根据相关单据，做记账凭证：

借：其他应收款——大连启程招标代理有限公司　　10 000

　贷：银行存款——工商银行大连呼家楼支行　　10 000

【解析】缴纳投标保证金，应借记“其他应收款”科目，贷记“银行存款”科目。

3. 缴纳投标代理费

【经济业务 45】

20××年 6 月 21 日，大连嘉平广告传媒有限公司缴纳招标代理费，领取《中标通知书》，出纳以银行转账支票方式支付大连启程招标代理有限公司招标代理费6 360 元。

【附件 1】转账支票存根如图 5－27 所示。

中国工商银行
转账支票存根
10201232
64795185
附加信息
出票日期20××年 06 月 21 日
收款人：大连启程招标代理有限公司
金　额：￥6360.00
用　途：中标代理费
单位主管 唐钢　会计 李丽

图 5－27　转账支票存根

【附件 2】增值税普通发票如图 5－28 所示。

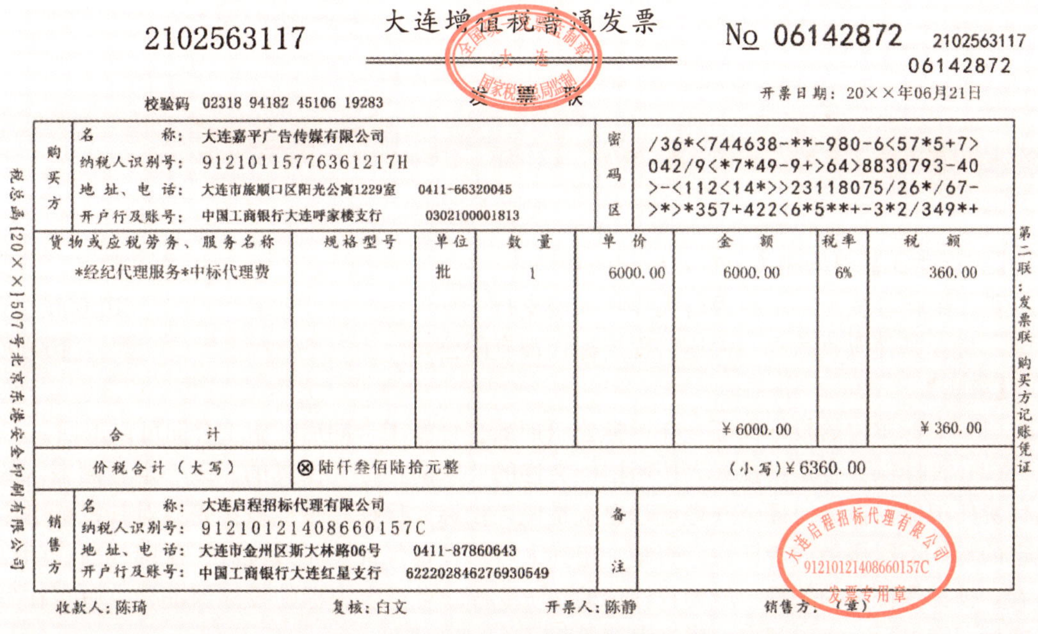

大连增值税普通发票

2102563117　　No 06142872　2102563117 06142872

发票联

校验码 02318 94182 45106 19283　　开票日期：20××年06月21日

购买方	名　　称：大连嘉平广告传媒有限公司 纳税人识别号：91210115776361217H 地　址、电　话：大连市旅顺口区阳光公寓1229室　0411-66320045 开户行及账号：中国工商银行大连呼家楼支行　0302100001813				密码区	/36*<744638-**-980-6<57*5+7> 042/9<*7*49-9+>64>8830793-40 >-<112<14*>>23118075/26*/67- >*>*357+422<6*5**+-3*2/349*+		
货物或应税劳务、服务名称	规格型号	单位	数量	单价	金额	税率	税额	
*经纪代理服务*中标代理费		批	1	6000.00	6000.00	6%	360.00	
合　计					￥6000.00		￥360.00	
价税合计（大写）	⊗陆仟叁佰陆拾元整				（小写）￥6360.00			
销售方	名　　称：大连启程招标代理有限公司 纳税人识别号：91210121408660157C 地　址、电　话：大连市金州区斯大林路06号　0411-87860643 开户行及账号：中国工商银行大连红星支行　622202846276930549				备注			

收款人：陈琦　　复核：白文　　开票人：陈静　　销售方：（章）

第二联：发票联　购买方记账凭证

图 5－28　增值税专用发票

【会计证】根据相关单据，做记账凭证：

借：管理费用——招标代理费　　6 360

　贷：银行存款——工商银行大连呼家楼支行　　6 360

【解析】

(1) 招投标交易服务费是指工程建设项目(设计、施工、监理及设备采购),在各地建委交易市场进行招标的项目,中标单位需要向交易中心(有形市场)缴纳的费用。

(2) 缴纳招标代理费应借记“管理费用”等科目,贷记“银行存款”及明细科目。

4. 中标后退回投标保证金

【经济业务 46】

20××年 6 月 22 日,大连嘉平广告传媒有限公司收到大连启程招标代理有限公司退还的投标保证金 10 000 元。

【附件 1】收款业务回单如图 5-29 所示。

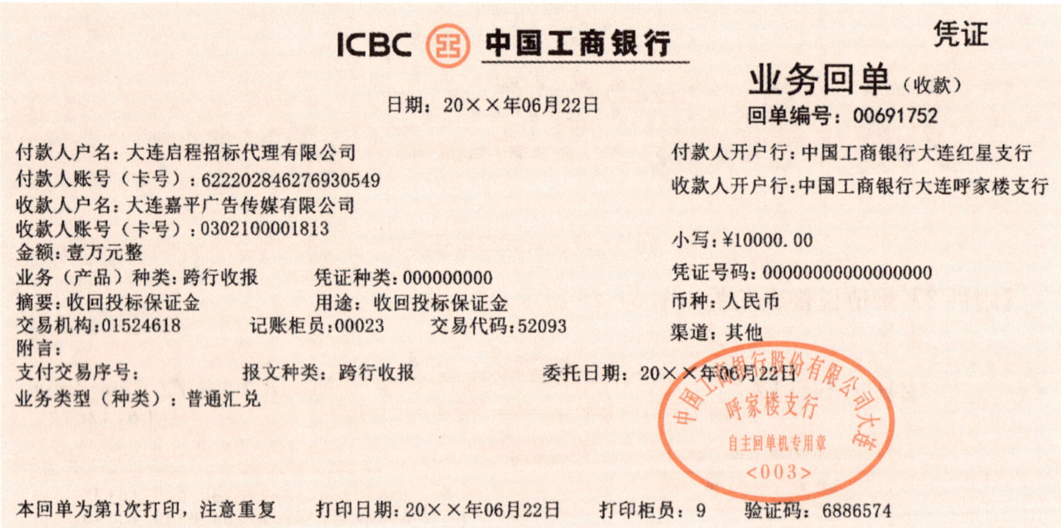

ICBC 中国工商银行 凭证

业务回单(收款)

日期:20××年06月22日

回单编号:00691752

付款人户名:大连启程招标代理有限公司　　付款人开户行:中国工商银行大连红星支行

付款人账号(卡号):622202846276930549

收款人户名:大连嘉平广告传媒有限公司　　收款人开户行:中国工商银行大连呼家楼支行

收款人账号(卡号):0302100001813

金额:壹万元整　　小写:¥10000.00

业务(产品)种类:跨行收报　　凭证种类:000000000　　凭证号码:00000000000000000

摘要:收回投标保证金　　用途:收回投标保证金　　币种:人民币

交易机构:01524618　　记账柜员:00023　　交易代码:52093　　渠道:其他

附言:

支付交易序号:　　报文种类:跨行收报　　委托日期:20××年06月22日

业务类型(种类):普通汇兑

本回单为第1次打印,注意重复　　打印日期:20××年06月22日　　打印柜员:9　　验证码:6886574

图 5-29　收款业务回单

【会计凭证】根据相关单据,做记账凭证:

借:银行存款——工商银行大连呼家楼支行　　10 000

　贷:其他应收款——大连启程招标代理有限公司　　10 000

【解析】

(1) 中标单位的投标保证金在招标公示期满签订施工合同后凭施工合同可以退回。

(2) 投标保证金是指投标人按照招标文件的要求向招标人出具的,以一定金额表示的投标责任担保。投标保证金办理流程也就是说,投标人保证其投标被接受后对其投标书中规定的责任不得撤销或者反悔。否则,招标人将对投标保证金予以没收。从国外通行的做法看,投标保证金的数额一般为投标价的 2%左右。对于未中标的投标保证金,应当在发出中标通知书后一定时间内,尽快退还给投标人。

(3) 中标后退回投标保证金应借记“银行存款”科目,贷记“其他应收款”科目。

5. 签订户外广告设施经营权合同,支付款项

【经济业务 47】

20××年 6 月 25 日,大连嘉平广告传媒有限公司与大连市市政工程开发总公司签订

户外广告设施经营权合同，已通过银行转账支票全额支付，取得增值税专用发票一张，发票内容为：经营权费1笔，单价为57 075.47元，税率为6%，增值税税额为3 424.53元。

【附件1】转账支票存根如图5－30所示。

中国工商银行
转账支票存根
10201232
64795191
附加信息
出票日期20××年　06月　25日
收款人：大连市市政工程开发总公司
金　额：￥60500.00
用　途：户外广告设施经营权
单位主管　唐钢　会计　李丽

图5－30　转账支票存根

【附件2】增值税专用发票如图5－31所示。

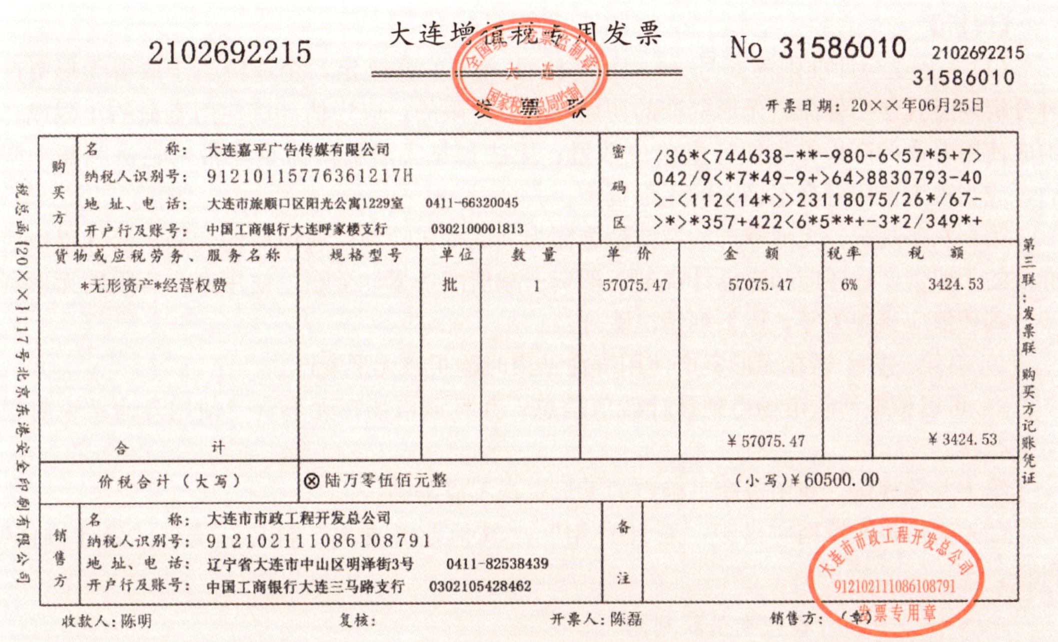

大连增值税专用发票

2102692215　　No 31586010　2102692215 31586010

发票联

开票日期：20××年06月25日

购买方	名称：大连嘉平广告传媒有限公司 纳税人识别号：912101115776361217H 地址、电话：大连市旅顺口区阳光公寓1229室　0411-66320045 开户行及账号：中国工商银行大连呼家楼支行　0302100001813	密码区	/36*<744638-**-980-6<57*5+7> 042/9<*7*49-9+>64>8830793-40 >-<112<14*>>23118075/26*/67- >*>*357+422<6*5**+-3*2/349*+

货物或应税劳务、服务名称	规格型号	单位	数量	单价	金额	税率	税额
*无形资产*经营权费		批	1	57075.47	57075.47	6%	3424.53
合　计					￥57075.47		￥3424.53
价税合计（大写）	⊗陆万零伍佰元整				（小写）￥60500.00		

销售方	名称：大连市市政工程开发总公司 纳税人识别号：912102111086108791 地址、电话：辽宁省大连市中山区明泽街3号　0411-82538439 开户行及账号：中国工商银行大连三马路支行　0302105428462	备注	大连市市政工程开发总公司 912102111086108791 发票专用章

收款人：陈明　　复核：　　开票人：陈磊　　销售方：（章）

第三联：发票联　购买方记账凭证

税总函[20××]117号北京东港安全印刷有限公司

图5－31　增值税专用发票

【会计凭证】根据相关单据，做记账凭证：

借：应交税费——应交增值税（进项税额）　　3 424.53
　　无形资产——户外广告设施经营权　　57 075.47
　贷：银行存款——工商银行大连呼家楼支行　　60 500

【解析】签订户外广告设施经营权合同，支付款项应借记“应交税费”“无形资产”等科目，贷记“银行存款”“其他应付款”等科目。

（二）无形资产摊销

【经济业务 48】

20××年 6 月 30 日，摊销户外广告设施经营权。（本月开始摊销，摊销年限 5 年，采用年限平均法，残值为 0 元，月摊销额为 951.26 元。）

【附件】无形资产价值摊销表如表 5 - 5 所示。

表 5 - 5　无形资产价值摊销表

编制单位：大连嘉平广告传媒有限公司　　20××年 06 月 30 日　　单位：元

无形资产名称	原值	摊销期（月）	月摊销额
户外广告设施经营权	57 075.47	60	951.26
合计	57 075.47		951.26

会计主管：唐钢　　审核：唐钢　　制表：李丽

【会计凭证】根据相关单据，做记账凭证：

借：管理费用——摊销费　　951.26
　贷：累计摊销　　951.26

【解析】

（1）《企业会计准则第 6 号——无形资产》第十六条规定，企业应当于取得无形资产时分析判断其使用寿命。无形资产的使用寿命为有限的，应当估计该使用寿命的年限或者构成使用寿命的产量等类似计量单位数量；无法预见无形资产为企业带来经济利益期限的，应当视为使用寿命不确定的无形资产。

第十八条规定，无形资产的应摊销金额为其成本扣除预计残值后的金额。已计提减值准备的无形资产，还应扣除已计提的无形资产减值准备累计金额。使用寿命有限的无形资产，其残值应当视为零，但下列情况除外：

1）有第三方承诺在无形资产使用寿命结束时购买该无形资产。

2）可以根据活跃市场得到预计残值信息，并且该市场在无形资产使用寿命结束时很可能存在。

第十九条规定，使用寿命不确定的无形资产不应摊销。

（2）无形资产摊销应借记“管理费用”“其他业务支出”科目，贷记“累计摊销”科目。

（三）计提短期借款利息

【经济业务 49】

20××年 6 月 10 日，计提短期借款利息 250 元。

【附件】应付利息计算表如表 5 - 6 所示。

表 5-6　应付利息计算表

编制单位：大连嘉平广告传媒有限公司　　　　20××年 6 月 10 日　　　　单位：元

借款科目	借款日期	到期日	借款本金	年利率	已提利息	当月利息	累计利息
(2001) 短期借款	20××—5—10	20××—11—10	50 000.00	6%		250.00	250.00
合计			50 000.00			250.00	250.00

审核：唐钢　　　　制表：李丽

【会计凭证】根据相关单据，做记账凭证：

借：财务费用——利息　　250

　贷：应付利息　　250

【解析】计提短期借款利息应借记“财务费用”科目，贷记“应付利息”科目。

（四）计提第二季度企业所得税和结转所得税费用

【经济业务 50】

20××年 6 月 30 日，计提第二季度企业所得税费用 14 282.51 元。

【附件】第二季度企业所得税计提表，如表 5-7 所示。

表 5-7　第二季度企业所得税计提表

编制单位：大连嘉平广告传媒有限公司　　　　20××年 6 月 30 日　　　　单位：元

项目	利润总额	纳税调整		应纳税所得额	税率	应纳税所得额
		纳税调增	纳税调减			
企业所得税	1 117 790.61		808 895.31	308 895.30	20%	14 282.51

审核：唐钢　　　　制单：李丽

【会计凭证】根据相关单据，做记账凭证：

借：所得税费用　　14 282.51

　贷：应交税费——应交所得税　　14 282.51

【解析】

资产负债表日，企业按照税法规定计算确定的当期应交所得税，借记“所得税费用”科目，贷记“应交税费——应交所得税”科目。

【经济业务 51】

20××年 6 月 30 日，结转第二季度所得税费用 14 282.51 元。

【附件】所得税费用结转如表 5-8 所示。

表 5-8　所得税费用结转表

20××年 06 月 30 日　　　　单位：元

结转理由	应转出		应转入	
	会计科目	金额	会计科目	金额
将本期收入、损益结转到本年利润			(4103) 本年利润	
将本期成本、费用结转到本年利润			(4103) 本年利润	

续表

结转理由	应转出		应转入	
	会计科目	金额	会计科目	金额
将计提的所得税费用转入本年利润	(6801)所得税费用	14 282.51	(4103)本年利润	14 282.51
本期的本年利润贷方余额				−14 282.51

会计主管：唐钢　　审核：唐钢　　制表：李丽

【会计凭证】根据相关单据，做记账凭证：

借：本年利润　　14 282.51

　贷：所得税费用　　14 282.51

【解析】《企业会计准则应用指南——会计科目和主要账务处理》规定，期末，应将“所得税费用”科目的余额转入“本年利润”科目，结转后“所得税费用”科目无余额。

（五）6 月日常业务数据表

6 月日常业务处理方法同 1 月。6 月日常业务数据如表 5 - 9 所示。

表 5 - 9　6 月日常业务数据表

单位：元

项目	内容	数据
计提类	工资	97 000.00
	社保	15 055.20
	公积金	6 088.50
	工会经费	1 940.00
	折旧	5 812.15
	税金及附加	4 098.47
	印花税	30.25
缴纳类	相关税费	21 821.13
	社险	23 745.60
	公积金	9 603.00
	工会经费	0.00
结转类	本月未交增值税	3 513.04
	各项收入	921 355.61
	各项成本费用	950 771.76
其他业务	发工资	78 027.51

项目六

第三季度经济业务的会计处理

实训目的

通过实训能够处理广告业会议展览服务业务。

实训内容

广告业会议展览服务会计处理。

实训要求

了解广告业会议展览服务会计处理流程。

掌握广告业会议展览服务会计处理方法。

一、7 月会计业务处理

（一）广告设计服务的会计处理

广告设计，是在计算机平面设计技术应用的基础上所进行的平面艺术创意的一种设计活动或过程。广告设计的主要特征是对图像、文字、色彩、版面、图形等表达广告的元素，结合广告媒体的使用特征，在计算机上通过相关设计软件来实现广告目的和意图。广告设计一般是多人共同参与的，而且必须遵循严格的设计程序，不能完全依照个人的艺术追求自由创作。

1. 签订设计服务合同，收取定金

【经济业务 52】

20××年 7 月 10 日，大连嘉平广告传媒有限公司与大连华润啤酒有限公司签订影视广告合同，合同约定，嘉平广告公司为华润啤酒设计广告宣传片，含税价 106 000 元。合同签订后，嘉平广告公司收到银行转账预付款 70 000 元。

【附件 1】收款业务回单如图 6－1 所示。

ICBC 中国工商银行　　凭证

业务回单（收款）

日期：20××年07月10日　　回单编号：07149035

付款人户名：大连华润啤酒有限公司　　付款人开户行：中国民生银行香泉支行
付款人账号（卡号）：210326522365889
收款人户名：大连嘉平广告传媒有限公司　　收款人开户行：中国工商银行大连呼家楼支行
收款人账号（卡号）：0302100001813
金额：柒万元整　　小写：¥70000.00
业务（产品）种类：跨行收报　　凭证种类：000000000　　凭证号码：00000000000000000
摘要：广告设计预付款　　用途：广告设计　　币种：人民币
交易机构：015248735　　记账柜员：00023　　交易代码：52093　　渠道：其他
附言：
支付交易序号：　　报文种类：跨行收报　　委托日期：20××年07月10日
业务类型（种类）：

中国工商银行股份有限公司大连呼家楼支行 自主回单机专用章 <003>

本回单为第1次打印，注意重复　　打印日期：20××年07月10日　　打印柜员：9　　验证码：2451358

图 6－1 收款业务回单

【附件 2】往来收据如图 6－2 所示。

【会计凭证】根据相关单据，做记账凭证：

借：银行存款——工商银行大连呼家楼支行　　70 000

　　贷：预收账款——大连华润啤酒有限公司　　70 000

【解析】

（1）编制《设计合同文本》时，要求当事人列明设计项目的内容，包括项目名称、规模、阶段、投资及设计费。合同当事人在确定设计费时，应遵循以下原则：

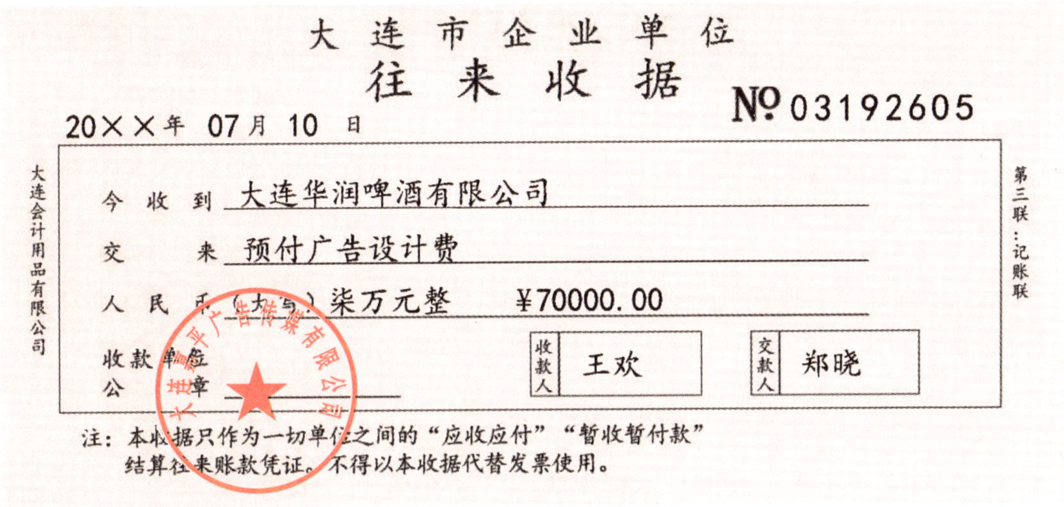

大连市企业单位

往来收据

№03192605

20××年 07月 10 日

大连会计用品有限公司

今收到 大连华润啤酒有限公司

交来 预付广告设计费

人民币（大写）柒万元整 ¥70000.00

收款单位公章

收款人 王欢

交款人 郑晓

第三联：记账联

注：本收据只作为一切单位之间的“应收应付”“暂收暂付款”结算往来账款凭证，不得以本收据代替发票使用。

图 6-2 往来收据

设计合同或相关文件中双方对设计费率予以确认的，应尊重双方当事人的选择。建设工程设计合同为《中华人民共和国民法典》合同编所规定的有名合同的一种，发包人和设计人是拥有平等地位的民事主体，应当最大限度地遵循合同自由的原则。实践中，工程设计收费标准及相关统一定额并非强制性规范，而是任意性规范。

在不能证明设计合同或相关文件中双方就设计费率达成一致的情况下，可以根据《工程设计收费标准》确定设计费。这只是在无相应合同条款援引的情况下，用以解决纠纷的技术性手段。设计合同是从交付定金开始生效的。

（2）签订设计服务合同，收取定金，应借记“银行存款”及明细科目，贷记“预收账款”及明细科目。

➢ 2. 完成广告设计，收取余款

【经济业务 53】

20××年 7 月 18 日，广告宣传片设计完成，交付大连华润啤酒有限公司审验合格，收取余款 36 000 元，开具增值税专用发票。

【附件 1】收款业务回单如图 6-3 所示。

【附件 2】增值税专用发票如图 6-4 所示。

【会计凭证】根据相关单据，做记账凭证：

	借方	贷方
借：银行存款——工商银行大连呼家楼支行	36 000	
预收账款——大连华润啤酒有限公司	70 000	
贷：应交税费——应交增值税（销项税额）		6 000
主营业务收入——广告设计收入		100 000

【解析】完成广告设计，收取余款，应借记“预收账款”及明细科目、“银行存款”及明细科目，贷记“应交税费”及明细科目、“主营业务收入”及明细科目。

ICBC 中国工商银行　　凭证

业务回单（收款）

日期：20××年07月18日　　回单编号：04017982

付款人户名：大连华润啤酒有限公司　　付款人开户行：中国民生银行香泉支行
付款人账号（卡号）：210326522365889　　收款人开户行：中国工商银行大连呼家楼支行
收款人户名：大连嘉平广告传媒有限公司
收款人账号（卡号）：0302100001813
金额：叁万陆仟元整　　小写：¥36000.00
业务（产品）种类：跨行收报　　凭证种类：000000000　　凭证号码：0000000000000000
摘要：广告宣传片设计费　　用途：广告宣传片设计　　币种：人民币
交易机构：012452168　　记账柜员：00023　　交易代码：52093　　渠道：其他
附言：
支付交易序号：　　报文种类：跨行收报　　委托日期：20××年07月18日
业务类型（种类）：

（印章：中国工商银行股份有限公司大连呼家楼支行 自主回单机专用章 <003>）

本回单为第1次打印，注意重复　　打印日期：20××年07月18日　　打印柜员：9　　验证码：H124398

图 6-3　收款业务回单

大连增值税专用发票

2102331557　　№ 06936085　　2102331557 06936085

此联不作报销、扣税凭证使用　　开票日期：20××年07月18日

购买方	名称：大连华润啤酒有限公司 纳税人识别号：91210101104015239H 地址、电话：大连市中山铁路医院西门西行50米南侧 0411-82820068 开户行及账号：中国民生银行香泉支行 210326522365889	密码区	028/<6127<3-7*71-/<>6-*751/ 933*<75563/1+<5821<25367348 -2>*3258+7937<3>>/2199275+/ >10<=*1*636/7295->58+9<4**7

货物或应税劳务、服务名称	规格型号	单位	数量	单价	金额	税率	税额
*设计服务*广告设计费		批	1	100000.00	100000.00	6%	6000.00
合计					¥100000.00		¥6000.00
价税合计（大写）	⊗壹拾万零陆仟元整				（小写）¥106000.00		

销售方	名称：大连嘉平广告传媒有限公司 纳税人识别号：91210115776361217H 地址、电话：大连市旅顺口区阳光公寓1229室 0411-66320045 开户行及账号：中国工商银行大连市呼家楼支行 03021100001813	备注	（印章：大连嘉平广告传媒有限公司 91210115776361217H 发票专用章）

收款人：王欢　　复核：唐钢　　开票人：李丽　　销售方：（章）

税总函[20××]3117号北京印钞有限公司

第一联：记账联　销售方记账凭证

图 6-4　增值税专用发票

（二）预缴第二季度企业所得税

企业应当自月份或者季度终了之日起十五日内，向税务机关报送预缴企业所得税纳税申报表，预缴税款。

【经济业务 54】

20××年 7 月 10 日，缴纳企业第二季度企业所得税 14 282.51 元。

【附件】电子缴税付款凭证如图 6－5 所示。

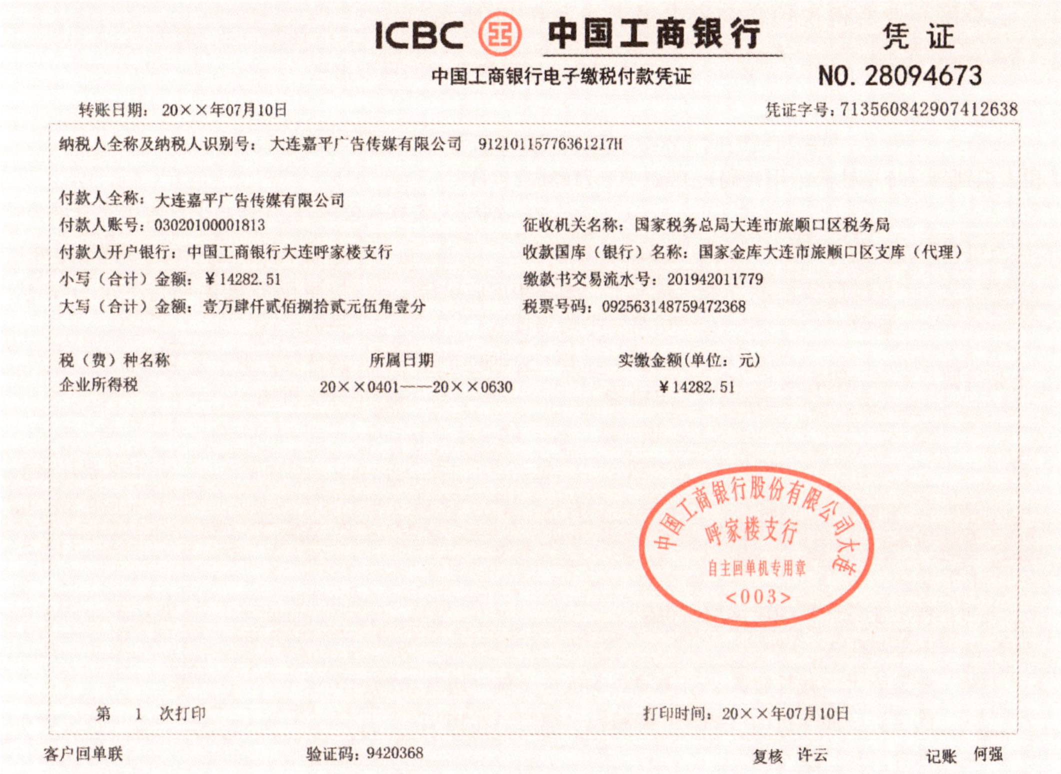

ICBC 中国工商银行　凭证

中国工商银行电子缴税付款凭证　NO. 28094673

转账日期：20××年07月10日　凭证字号：713560842907412638

纳税人全称及纳税人识别号：大连嘉平广告传媒有限公司　91210115776361217H

付款人全称：大连嘉平广告传媒有限公司

付款人账号：03020100001813　征收机关名称：国家税务总局大连市旅顺口区税务局

付款人开户银行：中国工商银行大连呼家楼支行　收款国库（银行）名称：国家金库大连市旅顺口区支库（代理）

小写（合计）金额：¥14282.51　缴款书交易流水号：201942011779

大写（合计）金额：壹万肆仟贰佰捌拾贰元伍角壹分　税票号码：092563148759472368

税（费）种名称	所属日期	实缴金额(单位：元)
企业所得税	20××0401——20××0630	¥14282.51

中国工商银行股份有限公司大连呼家楼支行 自主回单机专用章 <003>

第　1　次打印　打印时间：20××年07月10日

客户回单联　验证码：9420368　复核　许云　记账　何强

图 6－5　电子缴税付款凭证

【会计凭证】根据相关单据，做记账凭证：

借：应交税费——应交企业所得税　14 282.51

　　贷：银行存款——工商银行大连呼家楼支行　14 282.51

【解析】

（1）根据《中华人民共和国企业所得税暂行条例》及其实施条例的规定，缴纳企业所得税，按年计算，分月或者分季预缴。月份或者季度终了后 15 日内预缴，年度终了后 5 个月内汇算清缴，多退少补。在预缴方式上，纳税人预缴所得税时，应当按纳税期限的实际数预缴。按实际数预缴有困难的，可以按上一年度应纳税所得额的 1/12 或 1/4，或者经当地税务机关认可的其他方法分期预缴所得税。预缴方法一经确定，不得随意改变。

（2）法定企业所得税的税率为 25％的比例税率。国家需要重点扶持的高新技术企业，减按 15％的税率征收企业所得税。小型微利企业的企业所得税税率为 20％，非居民企业的企业所得税税率为 20％。

（3）企业应纳所得税额＝当期应纳税所得额×适用税率。

（4）应纳税所得额＝收入总额－不征税收入－免税收入－准予扣除项目金额－允许弥补的以前年度的亏损。

（5）预缴第二季度企业所得税应借记“应交税费及明细”科目，贷记“银行存款”及明细科目。

(三) 企业所得税月(季)度预缴纳税申报表的填写

二季度企业所得税预缴纳税申报表如表 6-1 所示。

表 6-1 二季度企业所得税预缴纳税申报表

A200000

税款所属时间：20××年 01 月 01 日至 20××年 06 月 30 日

纳税人识别号（统一社会信用代码）：91210115776361217H

纳税人名称（公章）：大连嘉平广告传媒有限公司

<table>
<tr><td colspan="2">跨省总机构行政区划</td><td colspan="2">120000 天津市</td><td>金额单位：人民币元（列至角分）</td></tr>
<tr><td colspan="2">预缴方式</td><td>√按照实际利润额预缴</td><td>按照上一纳税年度应纳税所得额平均额预缴</td><td>按照税务机关确定的其他方法预缴</td></tr>
<tr><td colspan="2">企业类型</td><td>√一般企业</td><td>跨地区经营汇总纳税企业总机构</td><td>跨地区经营汇总纳税企业分支机构</td></tr>
<tr><td colspan="5">预 缴 税 款 计 算</td></tr>
<tr><td>行次</td><td colspan="3">项 目</td><td>本年累计金额</td></tr>
<tr><td>1</td><td colspan="3">营业收入</td><td>6 539 321.65</td></tr>
<tr><td>2</td><td colspan="3">营业成本</td><td>4 851 111.42</td></tr>
<tr><td>3</td><td colspan="3">利润总额</td><td>1 117 790.61</td></tr>
<tr><td>4</td><td colspan="3">加：特定业务计算的应纳税所得额</td><td>0.00</td></tr>
<tr><td>5</td><td colspan="3">减：不征税收入</td><td>0.00</td></tr>
<tr><td>6</td><td colspan="3">减：免税收入、减计收入、所得减免等优惠金额（填写 A201010）</td><td>0.00</td></tr>
<tr><td>7</td><td colspan="3">减：固定资产加速折旧（扣除）调减额（填写 A201020）</td><td>0.00</td></tr>
<tr><td>8</td><td colspan="3">减：弥补以前年度亏损</td><td>0.00</td></tr>
<tr><td>9</td><td colspan="3">实际利润额（3+4−5−6−7−8）\ 按照上一纳税年度应纳税所得额平均额确定的应纳税所得额</td><td>1 117 790.61</td></tr>
<tr><td>10</td><td colspan="3">税率（25%）</td><td>0.25</td></tr>
<tr><td>11</td><td colspan="3">应纳所得税额（9×10）</td><td>279 447.65</td></tr>
<tr><td>12</td><td colspan="3">减：减免所得税额（填写 A201030）</td><td>217 668.59</td></tr>
<tr><td>13</td><td colspan="3">减：实际已缴纳所得税额</td><td>47 496.55</td></tr>
<tr><td>14</td><td colspan="3">减：特定业务预缴（征）所得税额</td><td>0.00</td></tr>
<tr><td>15</td><td colspan="3">本期应补（退）所得税额（11−12−13−14）\ 税务机关确定的本期应纳所得税额</td><td>14 282.51</td></tr>
<tr><td colspan="5">汇总纳税企业总分机构税款计算</td></tr>
<tr><td>16</td><td rowspan="4">总机构填报</td><td colspan="2">总机构本期分摊应补（退）所得税额（17+18+19）</td><td>0.00</td></tr>
<tr><td>17</td><td>其中：总机构分摊应补（退）所得税额（15×总机构分摊比例___%）</td><td>25.00%</td><td>0.00</td></tr>
<tr><td>18</td><td>财政集中分配应补（退）所得税额（15×财政集中分配比例___%）</td><td>25.00%</td><td>0.00</td></tr>
<tr><td>19</td><td>总机构具有主体生产经营职能的部门分摊所得税额（15×全部分支机构分摊比例___%×总机构具有主体生产经营职能部门分摊比例___%）</td><td>50.00%
0.00</td><td>0.00</td></tr>
<tr><td>20</td><td rowspan="2">分支机构填报</td><td colspan="2">分支机构本期分摊比例</td><td>0.00</td></tr>
<tr><td>21</td><td colspan="2">分支机构本期分摊应补（退）所得税额</td><td>0.00</td></tr>
</table>

续表

<table>
<tr><td colspan="6">附　报　信　息</td></tr>
<tr><td>小型微利企业</td><td>是</td><td>√否</td><td>科技型中小企业</td><td>是</td><td>√否</td></tr>
<tr><td>高新技术企业</td><td>是</td><td>√否</td><td>技术入股递延纳税事项</td><td>是</td><td>√否</td></tr>
<tr><td>期末从业人数</td><td colspan="5"></td></tr>
<tr><td colspan="6">按　季　度　填　报　信　息</td></tr>
<tr><td>季初从业人数</td><td colspan="2">21</td><td>季末从业人数</td><td colspan="2">21</td></tr>
<tr><td>季初资产总额（万元）</td><td colspan="2">239.66</td><td>季末资产总额（万元）</td><td colspan="2">251.40</td></tr>
<tr><td>国家限制或禁止行业</td><td>是</td><td>√否</td><td>小型微利企业</td><td>√是</td><td>否</td></tr>
<tr><td>办理人员身份证件类型</td><td colspan="2"></td><td>办理人员身份证件号码</td><td colspan="2"></td></tr>
<tr><td>是否代理申报</td><td>是</td><td>√否</td><td>办理人</td><td colspan="2"></td></tr>
<tr><td>代理申报中介机构</td><td colspan="2"></td><td>代理申报日期</td><td colspan="2"></td></tr>
<tr><td>经办人</td><td colspan="2"></td><td>经办人执业证件号码</td><td colspan="2"></td></tr>
<tr><td colspan="6">谨声明：此纳税申报表是根据《中华人民共和国企业所得税法》《中华人民共和国企业所得税法实施条例》和国家有关税收规定填报的，是真实的、可靠的、完整的。

法定代表人（签字）：　　　年　月　日</td></tr>
<tr><td colspan="2">纳税人公章：
会计主管：

填表日期：　　年　月　日</td><td colspan="2">代理申报中介机构公章：
经办人：
经办人执业证件号码：
代理申报日期：　　年　月　日</td><td colspan="2">主管税务机关受理专用章：
受理人：

受理日期：　　年　月　日</td></tr>
</table>

（四）计提短期借款利息

会计处理同六月。

（五）7月日常业务数据表

7月日常业务处理方法同1月。7月日常业务数据如表6-2所示。

表6-2　7月日常业务数据表

单位：元

项目	内容	数据
计提类	工资	97 000.00
	社保	15 055.20
	公积金	9 603.00
	工会经费	1 940.00
	折旧	5 812.15
	税金及附加	4 412.10
	印花税	0.00
缴纳类	相关税费	68 599.63
	社险	23 745.60
	公积金	9 603.00
	工会经费	5 820.00
结转类	本月未交增值税	11 187.82
	各项收入	1 042 729.35
	各项成本费用	997 923.06
其他业务	发工资	78 027.51

二、8 月会计业务处理

(一)户外广告牌制作的业务处理

【经济业务 55】

20××年 8 月 8 日，制作部从天津市思达建筑装饰工程有限公司购入一批广告设备，用于广告制作的需要，金额合计 17 162.44 元，收到增值税发票，税率为 13%，税额为 1 974.44 元，货款通过银行转账支付。

【附件 1】增值税专用发票如图 6－6 所示。

1200161320　　天津增值税专用发票　　No 07130208　1200161320 07130208

发票联　　开票日期：20××年08月08日

购买方	名称：大连嘉平广告传媒有限公司 纳税人识别号：91210115776361217H 地址、电话：大连市旅顺口区阳光公寓1229室　0411-66320045 开户行及账号：中国工商银行大连呼家楼支行　0302100001813	密码区	<23408><4>50909-0771><*8+252/ 626/033>1+10-3*34<5-+9<+3/4> -5<76789-->3<50/0<*<--8*82+7 48/3<5576*>3758/074087l392

货物或应税劳务、服务名称	规格型号	单位	数量	单价	金额	税率	税额
*建筑工程机械*刻字机	RS1360C	台	2	1469.00	2938.00	13%	381.94
*包装设备*吸塑机	BS-400	台	1	1250.00	1250.00	13%	162.50
*建筑工程机械*雕刻机	M3050	台	2	5500.00	11000.00	13%	1430.00
合计					¥15188.00		¥1974.44
价税合计（大写）	⊗壹万柒仟壹佰陆拾贰元肆角肆分				（小写）¥17162.44		

销售方	名称：天津市思达建筑装饰工程有限公司 纳税人识别号：911201011301256281 地址、电话：天津市和平区多伦溢新文化花园新典居101号 022-27310209 开户行及账号：中国建设银行天津新文化支行　12001616300052505732	备注	天津市思达建筑装饰工程有限公司 911201011301256281 发票专用章

收款人：王明　　复核：王进　　开票人：李桂芬　　销售方：（章）

税总函〔20××〕117号北京印钞有限公司

第三联：发票联 购买方记账凭证

图 6－6　增值税专用发票

【附件 2】入库单如图 6－7 所示。

【附件 3】付款业务回单如图 6－8 所示。

【会计凭证】根据相关单据，做记账凭证：

借：周转材料——低值易耗品　　15 188

　　应交税费——应交增值税（进项税额）　　1 974.44

　贷：银行存款——工商银行大连呼家楼支行　　17 162.44

【解析】

(1) 设备购置费用，包括一切需要安装与不需要安装的设备的购买原价和设备运杂费，如各类生产、动力、电信、起重、医疗、实验等设备的购置所支出的费用。

(2) 购入广告设备应借记“应交税费”及明细科目、“周转材料”及明细科目，贷记“银行存款”及明细科目。

入 库 单

STOCK IN　（记 账）　No 07856104

20×× 年 08 月 08 日　　　对方科目 银行存款

名 称 Product name	单位 Unit	数 量 Quantity	单 价 Unit Price	金额 Amount 亿	千	百	十	万	千	百	十	元	角	分	备 注 Remark
刻字机		2	1469.00					¥	2	9	3	8	0	0	
吸塑机		1	1250.00					¥	1	2	5	0	0	0	
雕刻机		2	5500.00				¥	1	1	0	0	0	0	0	
合计							¥	1	5	1	8	8	0	0	

附件　张

主管 Director 严伟　　会计 Accountant 李丽　　保管员 Storeman　　经手人 Handler

图 6-7　入库单

ICBC 中国工商银行　　凭证

业务回单（付款）

日期：20××年08月08日　　回单编号：01083475

付款人户名：大连嘉平广告传媒有限公司　　付款人开户行：中国工商银行大连呼家楼支行

付款人账号（卡号）：0302100001813　　收款人开户行：中国建设银行天津新文化支行

收款人户名：天津市思达建筑装饰工程有限公司

收款人账号（卡号）：12001616300052505732

金额：壹万柒仟壹佰陆拾贰元肆角肆分　　小写：¥17162.44

业务（产品）种类：转账　　凭证种类：000000000　　凭证号码：0000000000000000

摘要：购入广告设备一批　　用途：　　币种：人民币

交易机构：0302100001813　记账柜员：00010　交易代码：61302957　　渠道：中间业务后台方式

中国工商银行股份有限公司大连呼家楼支行 自主回单机专用章 <003>

本回单为第2次打印，注意重复　打印日期：20××年08月08日　打印柜员：9　验证码：3635897

图 6-8　付款业务回单

【经济业务 56】

20××年 8 月 9 日，制作部从天津市思达建筑装饰工程有限公司购入一批广告材料，用于广告制作的需要，金额合计 8 350.7 元，收到增值税发票，税率为 13%，税额为

960.7 元，货款通过银行转账支付。

【附件 1】增值税专用发票如图 6-9 所示。

1200161320　　天津增值税专用发票　　№ 07130211　1200161320 07130211

发票联

开票日期：20××年08月09日

购买方	名称：大连嘉平广告传媒有限公司 纳税人识别号：91210115776361217H 地址、电话：大连市旅顺口区阳光公寓1229室　0411-66320045 开户行及账号：中国工商银行大连呼家楼支行　0302100001813	密码区	<23408><4>50909-0771><*8+252/ 626/033>1+10-3*34<5-+9<+3/4> -5<76789-->3<50/0<*<--8*82+7 48/3<5576*>3758/0740871392

货物或应税劳务、服务名称	规格型号	单位	数量	单价	金额	税率	税额
*密封用填料*玻璃胶	NP	支	50	8.00	400.00	13%	52.00
合计					¥400.00		¥52.00
价税合计（大写）	⊗肆佰伍拾贰元整				（小写）¥452.00		

销售方	名称：天津市思达建筑装饰工程有限公司 纳税人识别号：911201011301256281 地址、电话：天津市和平区多伦溢新文化花园新典居101号　022-27310209 开户行及账号：中国建设银行天津新文化支行　12001616300052505732	备注	

收款人：王明　　复核：王进　　开票人：李桂芬　　销售方：（章）

税总函〔20××〕117号北京印钞有限公司

第三联：发票联　购买方记账凭证

图 6-9　增值税专用发票

【附件 2】增值税专用发票如图 6-10 所示。

1200161320　　天津增值税专用发票　　№ 07130210　1200161320 07130210

发票联

开票日期：20××年08月09日

购买方	名称：大连嘉平广告传媒有限公司 纳税人识别号：91210115776361217H 地址、电话：大连市旅顺口区阳光公寓1229室　0411-66320045 开户行及账号：中国工商银行大连呼家楼支行　0302100001813	密码区	<23408><4>50909-0771><*8+252/ 626/033>1+10-3*34<5-+9<+3/4> -5<76789-->3<50/0<*<--8*82+7 48/3<5576*>3758/0740871392

货物或应税劳务、服务名称	规格型号	单位	数量	单价	金额	税率	税额
*光电子器件*LED食人鱼光源	3000MCD	块	250	10.00	2500.00	13%	325.00
*电力电子元器件*继电器	HH52P	个	30	80.00	2400.00	13%	312.00
*电工仪器仪表*开关电源	LRS-100-24	个	20	62.00	1240.00	13%	161.20
*电线电缆*电线	BVR2.5	卷	10	85.00	850.00	13%	110.50
合计					¥6990.00		¥908.70
价税合计（大写）	⊗柒仟捌佰玖拾捌元柒角整				（小写）¥7898.70		

销售方	名称：天津市思达建筑装饰工程有限公司 纳税人识别号：911201011301256281 地址、电话：天津市和平区多伦溢新文化花园新典居101号　022-27310209 开户行及账号：中国建设银行天津新文化支行　12001616300052505732	备注	

收款人：王明　　复核：王进　　开票人：李桂芬　　销售方：（章）

税总函〔20××〕117号北京印钞有限公司

第三联：发票联　购买方记账凭证

图 6-10　增值税专用发票

【附件 3】入库单如图 6－11 所示。

入 库 单
STOCK IN （记 账） No 07038219

20×× 年 08 月 09 日　　对方科目 银行存款

名 称 Product name	单位 Unit	数 量 Quantity	单 价 Unit Price	金 额 Amount											备 注 Remark
				亿	千	百	十	万	千	百	十	元	角	分	
LED食人鱼光源	块	250	10.00					¥	2	5	0	0	0	0	
继电器	个	30	80.00					¥	2	4	0	0	0	0	
开关电源	个	20	62.00					¥	1	2	4	0	0	0	
电线	卷	10	85.00						¥	8	5	0	0	0	
玻璃胶	个	50	8.00						¥	4	0	0	0	0	
合计								¥	7	3	9	0	0	0	

附件　张

主 管 严伟 Director　　会 计 李丽 Accountant　　保 管 员 Storeman　　经 手 人 Handler

图 6－11　入库单

【附件 4】付款业务回单如图 6－12 所示。

ICBC 中国工商银行　　凭证

业务回单（付款）

日期：20××年08月09日　　回单编号：04125068

付款人户名：大连嘉平广告传媒有限公司　　付款人开户行：中国工商银行大连呼家楼支行

付款人账号（卡号）：0302100001813　　收款人开户行：中国建设银行天津新文化支行

收款人户名：天津市思达建筑装饰工程有限公司

收款人账号（卡号）：12001616300052505732

金额：捌仟叁佰伍拾元柒角整　　小写：¥8350.7

业务（产品）种类：转账　　凭证种类：000000000　　凭证号码：0000000000000000

摘要：购入广告材料一批　　用途：　　币种：人民币

交易机构：0302100001813　记账柜员：00010　交易代码：58962703　　渠道：中间业务后台方式

中国工商银行股份有限公司大连 呼家楼支行 自主回单机专用章 <003>

本回单为第2次打印，注意重复　　打印日期：20××年08月09日　　打印柜员：9　　验证码：0091645

图 6－12　付款业务回单

【会计凭证】根据相关单据，做记账凭证：

借：原材料——主要材料　4 900

原材料——辅助材料　2 090

原材料——其他材料　400

应交税费——应交增值税（进项税额）　960.7

贷：银行存款——工商银行大连呼家楼支行　8 350.7

【解析】

(1) 企业购入的材料、商品还在运输途中，按应计入材料、商品采购成本的金额，借记“在途物资”科目；按可抵扣的增值税税额，借记“应交税费——应交增值税（进项税额）”科目；按实际支付或应付的款项，贷记“银行存款”“应付票据”等科目。

(2) 购入材料超过正常信用条件延期支付（如分期付款购买材料），实质上具有融资性质，应按购买价款的现值金额，借记“在途物资”科目；按可抵扣的增值税税额，借记“应交税费——应交增值税（进项税额）”科目；按应付金额，贷记“长期应付款”科目；按其差额，借记“未确认融资费用”科目。

(3) 所购材料、商品到达后验收入库，借记“原材料”“库存商品——进价”等科目，贷记“在途物资”科目。

(4) 库存商品采用售价核算的，按售价借记“库存商品”科目，按进价贷记“在途物资”科目，进价与售价之间的差额，借记或贷记“商品进销差价”科目。

(5) 购入广告材料应借记“原材料”及明细科目、“应交税费”科目，贷记“银行存款”及明细科目。

【经济业务 57】

20××年8月10日，制作部领用购入的广告设备，广告设备成本为15 188元。

【附件】领料单如图6-13所示。

领料单

领用部门：制作部　　日期：20××年08月10日

领用用途：广告制作　　备注：

领用物品编号	领用物品名称及规格	单位	数量		单价	金额
			请领	实领		
101	刻字机	台	2	2	1 469.00	2 938.00
102	吸塑机	台	1	1	1 250.00	1 250.00
103	雕刻机	台	2	2	5 500.00	11 000.00

审批人：郭嘉　　记账：李丽

图6-13　领料单

【会计凭证】根据相关单据，做记账凭证：

借：周转材料——低值易耗品——在用　15 188

贷：周转材料——低值易耗品——在库　15 188

【解析】领用广告设备应借记“周转材料——低值易耗品——在用”科目，贷记“周转材料——低值易耗品——在库”科目。

【经济业务 58】

20××年 8 月 8 日，公司从天津市思达建筑装饰工程有限公司购入 1 吨 1060 铝板，用于制造 LED 广告牌框架，每吨单价 14 300 元，收到增值税专用发票，税率 13%，税额 1 859 元，价税合计为 16 159 元。审批后出纳转账支付货款。

【附件 1】增值税专用发票如图 6－14 所示。

1200161320　　天津增值税专用发票　　№ 07130209　　1200161320

发票联　　07130209

开票日期：20××年08月08日

购买方　名　称：大连嘉平广告传媒有限公司
纳税人识别号：91210115776361217H
地址、电话：大连市旅顺口区阳光公寓1229室　0411-66320045
开户行及账号：中国工商银行大连呼家楼支行　0302100001813

密码区：<23408><4>50909-0771><*8+252/626/033>1+10-3*34<5-+9<+3/4>-5<76789-->3<50/0<*<--8*82+748/3<5576*>3758/0740871392

货物或应税劳务、服务名称	规格型号	单位	数量	单价	金额	税率	税额
*有色金属压延材*1060铝板	1060	吨	1	14300.00	14300.00	13%	1859.00
合　计					¥14300.00		¥1859.00
价税合计（大写）	⊗壹万陆仟壹佰伍拾玖元整				（小写）¥16159.00		

销售方　名　称：天津市思达建筑装饰工程有限公司
纳税人识别号：91120101130125628l
地址、电话：天津市和平区多伦溢新文化花园新典居101号　022-27310209
开户行及账号：中国建设银行天津新文化支行　12001616300052505732

备注

收款人：王明　　复核：王进　　开票人：李桂芬　　销售方：（章）

第三联：发票联　购买方记账凭证

税总函〔20××〕117号北京印钞有限公司

图 6－14　增值税专用发票

【附件 2】入库单如图 6－15 所示。

【附件 3】付款业务回单如图 6－16 所示。

【会计凭证】根据相关单据，做记账凭证：

借：原材料——主要材料　　14 300

　　应交税费——应交增值税（进项税额）　　1 859

　贷：银行存款——工商银行大连呼家楼支行　　16 159

【解析】

购入铝板应借记“原材料”及明细科目、“应交税费”及明细科目，贷记“银行存款”及明细科目。

【经济业务 59】

20××年 8 月 15 日，制作部完成 LED 铝板发光字的平面设计后，下达制作成品的制作安排，当天从仓库领用 1 吨铝板，蓝色 LED 光源 250 块，继电器 30 个，开关电源 20 个，10 捆电线，玻璃胶 50 支，开始制作 LED 发光字。

【附件 1】领料单（1）如图 6－17 所示。

入 库 单

STOCK IN （记 账） No 07038218

20×× 年 08 月 08 日 对方科目 银行存款

名称 Product name	单位 Unit	数量 Quantity	单价 Unit Price	金额 Amount										备注 Remark
				亿	千	百	十	万	千	百	十	元	角	分	
1060铝板	吨	1	14300.00				¥	1	4	3	0	0	0	0	
合计							¥	1	4	3	0	0	0	0	

附件 张

主管 Director 严伟　会计 Accountant 李丽　保管员 Storeman　经手人 Handler

图 6-15 入库单

ICBC 中国工商银行　凭证

业务回单（付款）

日期：20××年08月08日　回单编号：04125068

付款人户名：大连嘉平广告传媒有限公司　付款人开户行：中国工商银行大连呼家楼支行
付款人账号（卡号）：0302100001813
收款人户名：天津市思达建筑装饰工程有限公司　收款人开户行：中国建设银行天津新文化支行
收款人账号（卡号）：12001616300052505732
金额：壹万陆仟壹佰伍拾玖元整　小写：¥16159.00
业务（产品）种类：转账　凭证种类：000000000　凭证号码：0000000000000000
摘要：购入铝板　用途：　币种：人民币
交易机构：0302100001813　记账柜员：00010　交易代码：58962703　渠道：中间业务后台方式

中国工商银行股份有限公司大连呼家楼支行 自主回单机专用章 <003>

本回单为第2次打印，注意重复　打印日期：20××年08月08日　打印柜员：9　验证码：8091645

图 6-16 付款业务回单

领料单

领用部门：制作部　　　　日期：20××年 08 月 15 日
领用用途：制作发光字　　　　备注：

领用物品编号	领用物品名称及规格	单位	数量		单价	金额
			请领	实领		
006	玻璃胶	支	50	50	8.00	400.00

审批人：严伟　　　　记账：李丽

图 6-17　领料单（1）

【附件 2】领料单（2）如图 6-18 所示。

领料单

领用部门：制作部　　　　日期：20××年 08 月 15 日
领用用途：制作发光字　　　　备注：

领用物品编号	领用物品名称及规格	单位	数量		单价	金额
			请领	实领		
001	1060 铝板	吨	1	1	14 300.00	14 300.00
002	LED 食人鱼光源	块	250	250	10.00	2 500.00
003	继电器	个	30	30	80.00	2 400.00
004	开关电源	个	20	20	62.00	1 240.00
005	电线	卷	10	10	85.00	850.00

审批人：严伟　　　　记账：李丽

图 6-18　领料单（2）

【会计凭证】根据相关单据，做记账凭证：

借：在建工程——直接材料　　21 690
　贷：原材料——主要材料　　19 200
　　　原材料——辅助材料　　2 090
　　　原材料——其他材料　　400

【解析】领用材料制作 LED 广告牌应借记“在建工程”及明细科目，贷记“原材料”及明细科目。

【经济业务 60】

20××年 8 月 26 日，计提职工薪酬及防暑降温费共计 107 400 元。

【附件 1】防暑降温费分配表如表 6-3 所示。

表 6-3　防暑降温费分配表

单位：元

序号	姓名	部门	防暑降温费	领取人签名
1	张涛	行政部	520.00	张涛
2	丁森	行政部	520.00	丁森
3	万兰	行政部	520.00	万兰
4	严伟	媒介部	520.00	严伟
5	丰元	媒介部	520.00	丰元

续表

序号	姓名	部门	防暑降温费	领取人签名
6	于绍东	媒介部	520.00	于绍东
7	任军	媒介部	520.00	任军
8	关竹月	媒介部	520.00	关竹月
9	傅超	媒介部	520.00	傅超
10	唐钢	财务部	520.00	唐钢
11	李丽	财务部	520.00	李丽
12	王欢	财务部	520.00	王欢
13	冯承	制作部	520.00	冯承
14	刁方宇	制作部	520.00	刁方宇
15	邢亮	制作部	520.00	邢亮
16	吴志娟	制作部	520.00	吴志娟
17	刘义民	制作部	520.00	刘义民
18	卢昆	制作部	520.00	卢昆
19	吕鑫	安装队	520.00	吕鑫
20	吴志	安装队	520.00	吴志
合计			¥10 400.00	

【附件 2】工资表如表 6－4 所示。

【会计凭证】根据相关单据，做记账凭证：

借：在建工程——直接人工　39 660

　　管理费用——职工薪酬　67 740

　贷：应付职工薪酬　107 400

【解析】参见经济业务 1 的解析。

【经济业务 61】

20××年 8 月 30 日，采用年限平均法对丰田汽车计提折旧，月折旧额为 5 066.66 元；采用年限平均法对联想台式电脑计提折旧，月折旧额为 527.78 元；采用年限平均法对印刷机计提折旧（本月印刷机用于广告牌制作），月折旧额为 217.71 元。

【附件】固定资产计提折旧表如表 6－5 所示。

【会计凭证】根据相关单据，做记账凭证：

借：管理费用——折旧费　5 812.15

　贷：累计折旧——丰田汽车 1503　5 066.66

　　　累计折旧——联想台式电脑　527.78

　　　累计折旧——柯美印刷机　217.71

【解析】参见经济业务 5 的解析。

表 6-4 工资表

编制单位：大连嘉平广告传媒有限公司　　　20××年 8 月 26 日　　　单位：元

部门	岗位工资	月度绩效	其他	应发工资	五险基数	社会统筹保险							工伤（单位）	生育（单位）	住房公积金		工会会费		6 项专项附加扣除	个税	实发工资
						养老（单位）	养老（个人）	失业（单位）	失业（个人）	医疗（单位）	医疗（个人）	大额救助（个人）			单位	个人	单位	个人			
行政部	17 500.00		1 560.00	19 060.00	15 750.00	2 520.00	1 260.00	78.75	78.75	1 575.00	315.00		31.50	78.75	1 732.50	1 732.50			4 000.00	148.50	15 525.25
财务部	15 500.00		1 560.00	17 060.00	13 950.00	2 232.00	1 116.00	69.72	69.75	1 395.00	279.00		27.90	69.75	1 534.50	15 345.50			6 000.00	59.16	14 001.59
媒介部	28 500.00		3 120.00	31 620.00	25 650.00	4 104.00	2 052.00	128.25	128.25	2 565.00	513.00		51.30	128.25	2 821.50	2 821.50			25 650.00	69.93	26 035.32
制作部	27 000.00		1 040.00	28 040.00	24 300.00	3 888.00	1 944.00	121.50	121.50	2 430.00	486.00		48.60	121.50	2 673.00	2 673.00			15 000.00	34.97	22 780.53
安装部	8 500.00		3 120.00	11 620.00	7 650.00	1 224.00	612.00	38.25	38.25	765.00	153.00		15.30	38.25	841.50	841.00			6 000.00		9 975.25
合计	97 000.00		10 400.00	107 400.00	87 300.00	13 968.00	6 984.00	436.47	436.50	8 730.00	1 746.00		174.60	436.50	9 603.00	23 413.50			56 650.00	312.56	88 317.94

审核：唐钢　　　　制表：李丽

表 6－5　固定资产计提折旧表

编制单位：大连嘉平广告传媒有限公司　　20××年 8 月 30 日　　单位：元

序号	品名	数量	入账时间	折旧年限	原值	净残值率	月折旧额	已提折旧	已提减值准备	净值	折旧方法	折旧到期月	使用部门
01	丰田汽车 1503	1	20××年 03 年 04 月	4	256 000.00	5%	5 066.66	86 133.28		169 866.72	年限平均法		行政部
02	联想台式电脑	2	20××年 02 年 15 月	3	20 000.00	5%	527.78	3 166.68		16 833.32	年限平均法		媒介部
03	柯美印刷机	1	20××年 04 年 25 月	10	27 500.00	5%	217.71	870.84		26 629.15	年限平均法		媒介部
合计		4			303 500.00		5 812.15	90 170.80		213 329.19			

审核：唐钢　　制表：李丽

【经济业务 62】

20××年 8 月 30 日，结转广告牌费用。

【附件】广告牌费用明细表如表 6－6 所示。

表 6－6　广告牌费用明细表

20××年 08 月 30 日

序号	明细项目	金额（元）	备注
1	低值易耗品	15 188.00	
合计		15 188.00	

审核：唐钢　　　　制单：李丽

【会计凭证】根据相关单据，做记账凭证：

借：在建工程——制造费用　　15 188

　贷：周转材料——低值易耗品——在用　　15 188

【解析】

（1）结转，通常是指把一个会计科目的发生额和余额转移到该科目或另一个会计科目。结转一是为了结出本会计科目的余额；二是为了计算本报告期的成本；三是为了计算当期的损益和利润的实现情况；四是为了保持会计工作的连续性，一定要把本会计年度末的余额转到下个会计年度。

（2）“制造费用”是一个集合分配账户，企业生产车间为生产产品和提供劳务而发生的各项间接费用，先通过“制造费用”归集，借记“制造费用”科目，贷记“原材料”“应付职工薪酬”等科目，期末再按一定的标准（如生产小时）分配结转到“生产成本”中，借记“生产成本”科目，贷记“制造费用”科目。

（3）结转广告牌费用应借记“制造费用”科目，贷记“应付职工薪酬”“折旧费”“福利费”“周转材料”等科目。

【经济业务 63】

20××年 8 月 30 日，结转广告牌成本。（下月开始计提折旧，折旧年限 5 年，采用年限平均法，残值率为 5%，月折旧额为 1 243.48 元。）

【附件】成本明细表如表 6－7 所示。

表 6－7　成本明细表

20××年 08 月 30 日　　　　单位：元

成本项目	直接材料	直接人工	广告牌费用	合计
广告牌	21 690.00	51 864.90	15 188.00	88 742.90

审核：唐钢　　　　制单：李丽

【会计凭证】根据相关单据，做记账凭证：

借：固定资产——广告牌　　88 742.90

　贷：在建工程——直接材料　　21 690.00

　　　在建工程——制造费用　　15 188.00

　　　在建工程——直接人工　　51 864.90

【解析】

(1) 在日常会计记录的基础上，我们已经收集生产产品发生的各项费用，其中直接费用记入了“生产成本”账户，间接费用记入了“制造费用”账户。归集在“制造费用”中的各项间接费用，需要选择适当的标准分配结转到有关产品的生产成本中去，才能计算出完工产品的生产成本，进而确定已销售产品的销售成本。所以，成本结转是期末账项调整的一个后续工作，目的在于将本期收入和本期费用进行配比，以便正确确定本期的损益。

(2) 计算产品的生产成本时，可从三个方面入手：一是投入的原材料，成本中称为直接材料费用；二是生产产品的生产工人工资，称为直接人工费用；三是车间管理部门的耗费，属间接生产成本，称为制造费用。三项相加，得出：直接材料费用＋直接人工费用＋制造费用＝总成本。

(3) 结转广告牌成本应借记“固定资产”科目，贷记“主营业务成本”“在建工程”科目。

(二) 会议展览广告服务的会计处理

1. 签订会议展览服务合同，收取预收款

【经济业务 64】

20××年 8 月 15 日，大连嘉平广告传媒有限公司与北京东源展览有限公司（小规模纳税人）签订为期一年的展览服务合同。合同约定，大连嘉平广告传媒有限公司为展会提供升空气球、气拱门和巨幅广告等服务，含税总价为 212 000 元，北京东源展览有限公司以转账形式支付预付款 180 000 元，余下款项在展会开始并验收合格时支付。

【附件 1】收款业务回单如图 6-19 所示。

ICBC 中国工商银行　　凭证

业务回单（收款）

日期：20××年08月15日　　回单编号：01083657

付款人户名：北京东源展览有限公司　　付款人开户行：中国农业银行北京延庆八达岭支行

付款人账号（卡号）：02-1500010400886538　　收款人开户行：中国工商银行大连呼家楼支行

收款人户名：大连嘉平广告传媒有限公司

收款人账号（卡号）：0302100001813

金额：壹拾捌万元整　　小写：¥180000.00

业务（产品）种类：跨行收报　　凭证种类：000000000　　凭证号码：0000000000000000

摘要：预收展览服务款　　用途：展览服务款　　币种：人民币

交易机构:02154621538　　记账柜员:00023　　交易代码:52093　　渠道：其他

附言：

支付交易序号：0123054205 报文种类：跨行收报　　委托日期：20××年08月15日

业务类型（种类）：

中国工商银行股份有限公司大连呼家楼支行 自主回单机专用章 <003>

本回单为第1次打印，注意重复　　打印日期：20××年08月15日　　打印柜员：9　　验证码：038R210

图 6-19　收款业务回单

【附件 2】往来收据如图 6-20 所示。

大连市企业单位
往来收据

20××年 08月 15日　　№07938652

大连会计用品有限公司

今收到	北京东源展览有限公司	
交来	预收展览服务款	
人民币（大写）	壹拾捌万元整	¥180000.00
收款单位公章（大连嘉平广告传媒有限公司）	收款人 王欢	交款人 蔡雨

第三联：记账联

注：本收据只作为一切单位之间的“应收应付”“暂收暂付款”结算往来账款凭证。不得以本收据代替发票使用。

图 6－20　往来收据

【会计凭证】根据相关单据，做记账凭证：

借：银行存款——工商银行大连呼家楼支行　　180 000

　贷：预收账款——北京东源展览有限公司　　180 000

【解析】签订会议展览服务合同，收取预收款，应借记“银行存款”科目，贷记“预收账款”科目。

2. 展览服务验收合格收取余款

【经济业务 65】

20××年 8 月 25 日，按展览服务合同要求完成服务，并经验收合格。北京东源展览有限公司以银行转账方式支付余款 32 000 元。

【附件 1】收款业务回单如图 6－21 所示。

ICBC 中国工商银行　　凭证

业务回单（收款）

日期：20××年08月25日　　回单编号：04902376

付款人户名：北京东源展览有限公司　　付款人开户行：中国农业银行北京延庆八达岭支行
付款人账号（卡号）：02-1500010400886538　　收款人开户行：中国工商银行大连呼家楼支行
收款人户名：大连嘉平广告传媒有限公司
收款人账号（卡号）：0302100001813　　小写：¥32000.00
金额：叁万贰仟元整
业务（产品）种类：跨行收报　　凭证种类：000000000　　凭证号码：00000000000000000
摘要：收取余款　　用途：展览服务验收合格收取余款　　币种：人民币
交易机构：02554621533　　记账柜员：00023　　交易代码：52093　　渠道：其他
附言：
支付交易序号：0123055201报文种类：跨行收报　　委托日期：20××年08月25日
业务类型（种类）：

中国工商银行股份有限公司大连呼家楼支行 自主回单机专用章 <003>

本回单为第1次打印，注意重复　　打印日期：20××年08月25日　　打印柜员：9　　验证码：2651038

图 6－21　收款业务回单

【附件 2】增值税专用发票如图 6 - 22 所示。

2102171526　　大连增值税专用发票　　No 06047070　　2102171526 06047070

此联不得报销、扣税凭证使用　　开票日期：20××年08月25日

购买方	名　　称：北京东源展览有限公司 纳税人识别号：91110229633600654U 地 址、电 话：北京市延庆区八达岭经济开发区康西路12号 010-69135569 开户行及账号：中国农业银行股份有限公司北京-延庆八达岭支行 02-1500010400886538				密码区	028/<6127<3-7*71-/<>6-*751/ 933*<75563/1+<5821<25367348 -2>*3258+7937<3>>/2199275+/ >10<=*1*636/7295->58+9<4**7		
货物或应税劳务、服务名称	规格型号	单位	数量	单价	金额	税率	税额	
*会展服务*展览服务费		次	1	200000.00	200000.00	6%	12000.00	
合　　计					¥200000.00		¥12000.00	
价税合计（大写）	⊗贰拾壹万贰仟元整				（小写）¥212000.00			
销售方	名　　称：大连嘉平广告传媒有限公司 纳税人识别号：91210115776361217H 地 址、电 话：大连市旅顺口区阳光公寓1229室 0411-66320045 开户行及账号：中国工商银行大连市呼家楼支行 03021100001813				备注	大连嘉平广告传媒有限公司 91210115776361217H 发票专用章		

收款人：王欢　　复核：唐钢　　开票人：李丽　　销售方：（章）

税总函[20××]3117号北京印钞有限公司

第一联：记账联　销售方记账凭证

图 6 - 22　增值税专用发票

【会计凭证】根据相关单据，做记账凭证：

借：银行存款——工商银行大连呼家楼支行　　32 000

　　预收账款——北京东源展览有限公司　　180 000

　贷：应交税费——应交增值税（销项税额）　　12 000

　　　主营业务收入——会议服务收入　　200 000

【解析】展览服务验收合格收取余款，应借记“银行存款”科目、“预收账款”科目，贷记“主营业务收入”科目、“应交税费”科目。

（三）计提短期借款利息

会计处理同 6 月。

（四）8 月日常业务数据表

8 月日常业务处理方法同 1 月。8 月日常业务数据如表 6 - 8 所示。

表 6 - 8　8 月日常业务数据表

单位：元

项目	内容	数据
计提类	工资	107 400.00
	社保	15 055.20
	公积金	9 603.00
	工会经费	2 148.00
	折旧	5 812.15

续表

项目	内容	数据
缴纳类	税金及附加	1 311.59
	印花税	12.83
	相关税费	8 126.19
	社险	23 745.60
	公积金	9 603.00
	工会经费	0.00
结转类	本月未交增值税	10 791.80
	各项收入	1 153 478.30
	各项成本费用	989 520.93
其他业务	发工资	88 317.94

三、9 月会计业务处理

（一）媒体广告代理业务的会计处理

广告代理指广告经营者接受广告主或广告发布者委托，从事的广告市场调查、广告信息咨询、企业形象策划、广告战略策划、广告媒介安排等经营活动。

1. 签订报纸广告代理合同，收取定金

【经济业务 66】

20××年 9 月 5 日，大连嘉平广告传媒有限公司受大连鸿顺餐饮有限公司委托，于 9 月 8 日发布报纸招聘广告。广告发布媒介是《大连日报》，广告宣传费为 10 600 元。大连嘉平广告传媒有限公司与大连鸿顺餐饮有限公司签订报纸广告代理合同后以转账付款方式预付定金 3 600 元，余款于广告发布后三周内支付。

【附件 1】收款业务回单如图 6－23 所示。

ICBC 中国工商银行　凭证

业务回单（收款）

日期：20××年09月05日

回单编号：01298354

付款人户名：大连鸿顺餐饮有限公司　付款人开户行：中国农业银行大连瓦房店支行

付款人账号（卡号）：02-1500010400632544　收款人开户行：中国工商银行大连呼家楼支行

收款人户名：大连嘉平广告传媒有限公司

收款人账号（卡号）：0302100001813　小写：¥3600.00

金额：叁仟陆佰元整

业务（产品）种类：跨行收报　凭证种类：000000000　凭证号码：0000000000000000

摘要：预收广告代理费　用途：广告代理　币种：人民币

交易机构：012546821　记账柜员：00023　交易代码：52093　渠道：其他

附言：

支付交易序号：012546890 报文种类：跨行收报　委托日期：20××年09月05日

业务类型（种类）：

中国工商银行股份有限公司大连呼家楼支行 自主回单机专用章 <003>

本回单为第1次打印，注意重复　打印日期：20××年09月05日　打印柜员：9　验证码：0456287

图 6－23 收款业务回单

【附件 2】往来收据如图 6－24 所示。

大连市企业单位
往来收据

20××年 09 月 05 日　　　　No 08102973

大连会计用品有限公司

今收到 大连鸿顺餐饮有限公司

交来 预付广告代理费

人民币（大写）叁仟陆佰元整　　¥3600.00

收款单位（公章）　　收款人 王欢　　交款人 刘越

第三联：记账联

注：本收据只作为一切单位之间的"应收应付""暂收暂付款"结算往来账款凭证。不得以本收据代替发票使用。

图 6－24　往来收据

【会计凭证】根据相关单据，做记账凭证：

借：银行存款——工商银行大连呼家楼支行　　3 600

　贷：预收账款——大连鸿顺餐饮有限公司　　3 600

【解析】

（1）广告发布合同是指广告发布者与广告主或广告主委托的广告经营者为广告发布活动而确立的权利义务关系。

（2）广告发布合同属于委托代理合同，具有如下特征：

第一，广告发布者利用自己掌握或控制的媒体，完成广告主或广告经营者委托的广告发布任务。不同的广告发布者有不同的覆盖面和受众范围，因此，不同的广告发布有着完全不同的广告效果，广告发布者只能按照合同约定的广告媒体发布广告。

第二，广告发布合同的标的是发布广告的行为，广告发布者要按合同约定去完成，不得擅自改变广告的内容以及广告的版面或广告时间。

第三，广告发布合同是一种双务和有偿的劳务合同。

（3）广告发布合同的主要条款应当包括：1）广告发布的项目；2）发布广告的数量、质量；3）发布广告的媒介；4）发布广告的范围；5）发布广告的期限、地点、方式；6）检验的标准和方法；7）报酬；8）违约责任；9）诉讼或仲裁条款；10）双方约定的其他条款。

签订报纸广告代理合同，收取定金，应借记"银行存款"科目，贷记"预收账款"科目。

2. 支付大连日报传媒有限公司广告发布费

【经济业务 67】

20××年 9 月 8 日，大连鸿顺餐饮有限公司的招聘广告制作完成，在《大连日报》上刊登后，开具银行转账支票一张，支付大连日报传媒有限公司广告发布费 7 420 元，收到增值税专用发票，税率 6%，税额 420 元。

【附件 1】转账支票存根如图 6－25 所示。

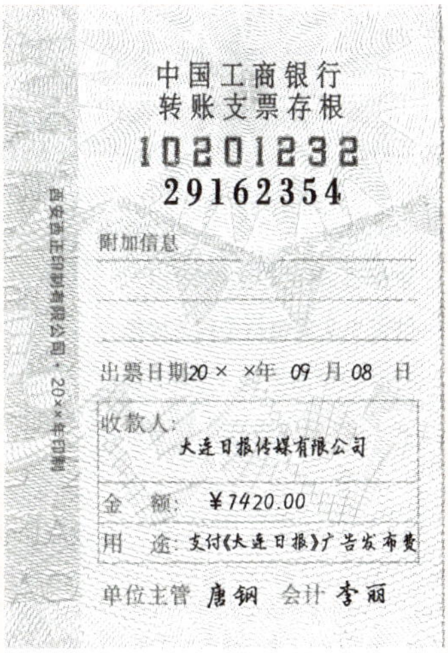

中国工商银行
转账支票存根
10201232
29162354

附加信息

出票日期 20××年 09 月 08 日

收款人：大连日报传媒有限公司

金　额：¥7420.00

用　途：支付《大连日报》广告发布费

单位主管 唐钢　会计 李丽

图 6－25　转账支票存根

【附件 2】增值税专用发票如图 6－26 所示。

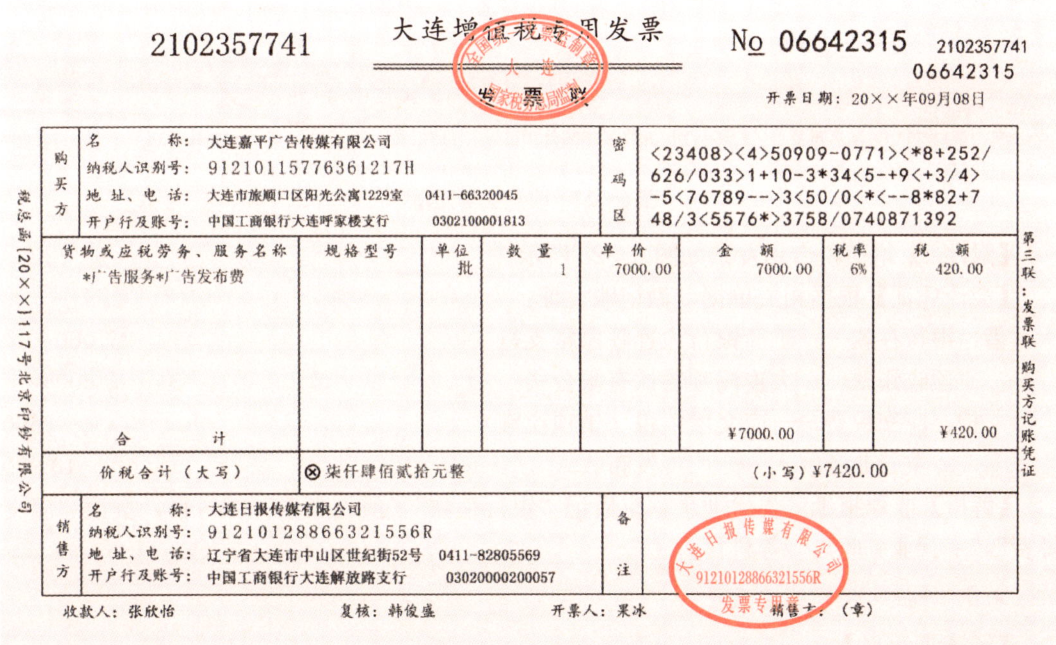

2102357741　大连增值税专用发票　№ 06642315　2102357741 06642315

发票联

开票日期：20××年09月08日

购买方　名　称：大连嘉平广告传媒有限公司
纳税人识别号：91210115776361217H
地 址、电 话：大连市旅顺口区阳光公寓1229室　0411-66320045
开户行及账号：中国工商银行大连呼家楼支行　0302100001813

密码区：<23408><4>50909-0771><*8+252/626/033>1+10-3*34<5-+9<+3/4>-5<76789-->3<50/0<*<--8*82+748/3<5576*>3758/0740871392

货物或应税劳务、服务名称	规格型号	单位	数量	单价	金额	税率	税额
*广告服务*广告发布费		批	1	7000.00	7000.00	6%	420.00
合　计					¥7000.00		¥420.00

价税合计（大写）⊗柒仟肆佰贰拾元整　（小写）¥7420.00

销售方　名　称：大连日报传媒有限公司
纳税人识别号：91210128866321556R
地 址、电 话：辽宁省大连市中山区世纪街52号　0411-82805569
开户行及账号：中国工商银行大连解放路支行　03020000200057

备注

收款人：张欣怡　复核：韩俊盛　开票人：果冰　销售方：（章）

第三联：发票联　购买方记账凭证

税总函〔20××〕117号北京印钞有限公司

图 6－26　增值税专用发票

【会计凭证】根据相关单据，做记账凭证：

借：应交税费——应交增值税（进项税额）　420

　　主营业务成本——广告发布成本　7 000

　贷：银行存款——工商银行大连呼家楼支行　7 420

【解析】支付大连日报传媒有限公司广告发布费，应借记“应交税费”“主营业务成本”等科目，贷记“银行存款”科目。

3. 收取报纸广告代理余款

【经济业务 68】

20××年 9 月 30 日，大连嘉平广告传媒有限公司收到大连鸿顺餐饮有限公司以银行转账方式支付报纸广告代理合同余款，开具增值税专用发票。

【附件 1】收款业务回单如图 6－27 所示。

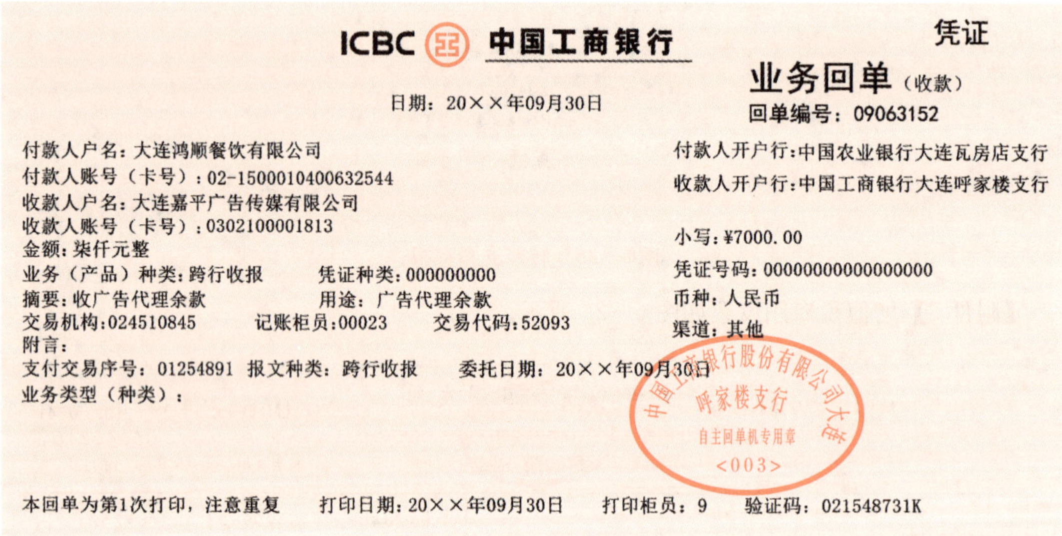

ICBC 中国工商银行　凭证

业务回单（收款）

日期：20××年09月30日　回单编号：09063152

付款人户名：大连鸿顺餐饮有限公司　付款人开户行：中国农业银行大连瓦房店支行

付款人账号（卡号）：02-1500010400632544　收款人开户行：中国工商银行大连呼家楼支行

收款人户名：大连嘉平广告传媒有限公司

收款人账号（卡号）：0302100001813

金额：柒仟元整　小写：¥7000.00

业务（产品）种类：跨行收报　凭证种类：000000000　凭证号码：0000000000000000

摘要：收广告代理余款　用途：广告代理余款　币种：人民币

交易机构：024510845　记账柜员：00023　交易代码：52093　渠道：其他

附言：

支付交易序号：01254891　报文种类：跨行收报　委托日期：20××年09月30日

业务类型（种类）：

中国工商银行股份有限公司大连呼家楼支行 自主回单机专用章 <003>

本回单为第1次打印，注意重复　打印日期：20××年09月30日　打印柜员：9　验证码：021548731K

图 6－27　收款业务回单

【附件 2】增值税专用发票如图 6－28 所示。

【会计凭证】根据相关单据，做记账凭证：

借：银行存款——工商银行大连呼家楼支行　7 000

　　预收账款——大连鸿顺餐饮有限公司　3 600

　贷：应交税费——应交增值税（销项税额）　600

　　　主营业务收入——广告发布收入　10 000

【解析】收取报纸广告代理余款应借记“银行存款”“预收账款”等科目，贷记“应交税费”“主营业务收入”等科目。

4. 计提文化事业建设费

【经济业务 69】

20××年 9 月 30 日，计算应缴纳的文化事业建设费。

【附件】9 月税金及附加计提表，如表 6－9 所示。

2102958213　　**大连增值税专用发票**　　№ 09642109　2102958213 09642109

此联不作报销、扣税凭证使用　　开票日期：20××年09月30日

税总函〔20××〕3117号北京印钞有限公司

购买方	名称：大连鸿顺餐饮有限公司 纳税人识别号：9121028158809819XT 地址、电话：大连市瓦房店市文兰办事处长城路42号 0411-85663349 开户行及账号：中国农业银行大连瓦房店支行 02-1500010400632544			密码区	028/<6127<3-7*71-/<>6-*751/ 933*<75563/1+<5821<25367348 -2>*3258+7937<3>>/2199275+/ >10<=*1*636/7295->58+9<4**7		
货物或应税劳务、服务名称	规格型号	单位	数量	单价	金额	税率	税额
*广告服务*广告发布收入		批	1	10000.00	10000.00	6%	600.00
合计					¥10000.00		¥600.00
价税合计（大写）	⊗壹万零陆佰元整				（小写）¥10600.00		
销售方	名称：大连嘉平广告传媒有限公司 纳税人识别号：91210115776361217H 地址、电话：大连市旅顺口区阳光公寓1229室 0411-66320045 开户行及账号：中国工商银行大连市呼家楼支行 03021100001813			备注	（大连嘉平广告传媒有限公司 91210115776361217H 发票专用章）		

收款人：王欢　　复核：唐钢　　开票人：李丽　　销售方：（章）

第一联：记账联　销售方记账凭证

图 6-28　增值税专用发票

表 6-9　9 月税金及附加计提表（简表）

编制单位：大连嘉平广告传媒有限公司　　20××年 09 月 30 日　　单位：元

文化事业建设费	计征金额	21 070.36
	征收率	3%
	应纳金额	632.11
合计		632.11

审核：唐钢　　制单：李丽

【会计凭证】根据相关单据，做记账凭证：

借：税金及附加　　632.11

　贷：应交税费——文化事业建设费　　632.11

【解析】

（1）缴纳文化事业建设费的单位和个人应按照提供增值税应税服务取得的销售额的3%计算应缴费额，并由税务局在征收广告服务业的增值税、娱乐业的增值税时一并征收。

（2）按规定扣缴文化事业建设费的扣缴义务人，应按下列公式计算应扣缴费额：

应扣缴费额＝支付的广告服务不含税价款×费率

（3）计提文化事业建设费，应借记“税金及附加”科目，贷记“应交税费”科目。

（二）计提短期借款利息

会计处理同六月。

（三）计提第三季度企业所得税和结转所得税费用

计提季度企业所得税和结转所得税费用会计处理方法同六月。计提第三季度企业所得

税和结转所得税费用均为 32 792.9 元。

（四）现金盘盈会计处理

【经济业务 70】

20××年 9 月 1 日，进行现金盘点时，发现现金盘盈 147.3 元。

【附件】库存现金盘点报告表，如表 6－10 所示。

表 6－10　库存现金盘点报告表

20××年 09 月 01 日

单位名称：大连嘉平广告传媒有限公司　　　　单位：元

实存金额	账存金额	盈亏情况		备注
		盘盈数	盘亏数	
30 437.42	30 290.12	147.30		
处理意见：				

会计主管：唐钢　　　　会计：李丽　　　　出纳：王欢

【会计凭证】根据相关单据，做记账凭证：

借：库存现金　　147.3

　贷：待处理财产损溢——待处理流动资产损溢　　147.3

【解析】

（1）现金盘盈必须有确凿证据证明该笔资金无法归还客户才可以记入“管理费用——其他”科目或者“营业外收入”科目，否则应先记入“待处理流动资产损溢——待处理流动资产损溢”科目挂账，根据是否能归还客户再做处理。如果能归还客户，则应记入“其他应付款”及明细科目。

（2）现金盘点，发现现金盘盈，应借记“库存现金”科目，贷记“待处理财产损溢”科目。

【经济业务 71】

20××年 9 月 2 日，经批准，将盘盈的现金 147.3 元计入营业外收入。

【附件】库存现金盘点报告表，如表 6－11 所示。

表 6－11　库存现金盘点报告表

20××年 09 月 02 日

单位名称：大连嘉平广告传媒有限公司　　　　单位：元

实存金额	账存金额	盈亏情况		备注
		盘盈数	盘亏数	
30 437.42	30 290.12	147.30		
处理意见：计入营业外收入				

会计主管：唐钢　　　　会计：李丽　　　　出纳：王欢

【会计凭证】根据相关单据，做记账凭证：

借：待处理财产损溢——待处理流动资产损溢　　147.3

　贷：营业外收入　　147.3

【解析】现金盘盈处理计入营业外收入，应借记“待处理财产损溢”科目，贷记“营业外收入”科目。

（五）9月日常业务数据表

9月日常业务处理方法同1月。9月日常业务数据如表6-12所示。

表6-12 9月日常业务数据表

单位：元

项目	内容	数据
计提类	工资	97 000.00
	社保	15 055.20
	公积金	6 088.50
	工会经费	1 940.00
	折旧	7 240.01
	税金及附加	2 476.75
	印花税	0.00
缴纳类	相关税费	5 886.08
	社险	23 745.60
	公积金	9 603.00
	工会经费	1 940.00
结转类	本月未交增值税	15 371.93
	各项收入	1 163 841.43
	各项成本费用	1 044 676.45
其他业务	发工资	78 027.51

项目七

第四季度经济业务的会计处理

实训目的

通过实训能够处理互联网广告业务。

实训内容

互联网广告业务的会计处理；借款业务的处理；预缴季度所得税。

实训要求

了解互联网广告业务会计处理流程。

掌握互联网广告业务会计处理方法。

一、10 月会计业务处理

（一）互联网广告业务的会计处理

互联网广告的收费方法很多，较为流行的是以千人成本来核算，即按访问人次收费。CPM 指广告投放过程中，听到或者看到某广告的每一个人平均分担到多少广告成本。传统媒介多采用这种计价方式。CPM 核算简单，无须考虑到底有多少用户关注或点击浏览该广告，只需考虑在相应的平台显示 1 000 次，即可计算一次千人成本。例如，一个广告横幅的单价是 1 元/CPM，意味着每 1 000 人次看到就收 1 元，每 10 000 人次看到就收 10 元，依此类推。

对于 CPM 定价模式，企业可以根据历史数据预计某一期间的网站点击率，从而确认收入，并在权责发生制原则的要求下，将部分收入递延到后期的合理期间。对此，我们可以采取每个会计期末根据广告的实际点击率或者交易次数占合同数量的比例，利用完工百分比法来确认收入。

1. 与网络平台签订代理合同，支付定金

【经济业务 72】

20××年 10 月 1 日，大连嘉平广告传媒有限公司与人在旅途网络有限公司签订网络广告发布代理合同，合同约定广告费计价模式采用 CPM，价格为 5 元/CPM，按月收取广告费用，预付订金 5 000 元。出纳开具转账支票支付人在旅途网络有限公司订金，并收到收款收据。

【附件 1】转账支票存根如图 7－1 所示。

中国工商银行
转账支票存根
10201232
30162016
附加信息
出票日期 20××年 10 月 01 日
收款人：人在旅途网络有限公司
金 额：¥5000.00
用 途：预付人在旅途网络有限公司订金
单位主管 唐钢 会计 李丽

图 7－1 转账支票存根

【附件 2】收款业务回单如图 7－2 所示。

【附件 3】往来收据如图 7－3 所示。

ICBC 中国工商银行　　凭证

业务回单（付款）

日期：20××年10月01日　　回单编号：05761824

付款人户名：大连嘉平广告传媒有限公司　　付款人开户行：中国工商银行大连呼家楼支行
付款人账号（卡号）：0302100001813
收款人户名：人在旅途网络有限公司　　收款人开户行：中国工商银行大连泉州路支行
收款人账号（卡号）：6222028002761308311
金额：伍仟元整　　小写：¥5000.00
业务（产品）种类：转账　　凭证种类：000000000　　凭证号码：0000000000000000
摘要：预付订金　　用途：　　币种：人民币
交易机构：0125465238　　记账柜员：00010　　交易代码：　　渠道：中间业务后台方式

中国工商银行股份有限公司大连呼家楼支行　自主回单机专用章　<003>

本回单为第2次打印，注意重复　　打印日期：20××年10月01日　　打印柜员：9　　验证码：5615Y21

图 7-2　收款业务回单

大连市企业单位

往来收据

20××年 10月 01 日　　№06915428

大连会计用品有限公司

今收到　大连嘉平广告传媒有限公司

交来　签订网络广告发布代理合同订金

人民币（大写）伍仟元整　¥5000.00

收款单位公章　　收款人　张秀　　交款人　王欢

第二联：交缴款人收执

注：本收据只作为一切单位之间的"应收应付""暂收暂付款"结算往来账款凭证。不得以本收据代替发票使用。

图 7-3　往来收据

【会计凭证】根据相关单据，做记账凭证：

借：预付账款——人在旅途网络有限公司　　5 000

　贷：银行存款——工商银行大连呼家楼支行　　5 000

【解析】与网络平台签订代理合同，支付订金，应借记"预付账款"科目，贷记"银行存款"科目。

➢ 2. 与客户签订网络广告发布合同，预收订金

【经济业务 73】

20××年 10 月 5 日，大连嘉平广告传媒有限公司与大连帝兰花园酒店管理有限公司

签订网络广告发布合同。合同约定：自10月6日起，大连嘉平广告传媒有限公司将在人在旅途网络平台为大连帝兰花园酒店管理有限公司投放广告，投放期为4个月；计价模式采用CPM，价格为50元/CPM，按月收取广告费用，预收订金25 000元。大连嘉平广告传媒有限公司收到订金，并开出收款收据。

【附件1】收款业务回单如图7-4所示。

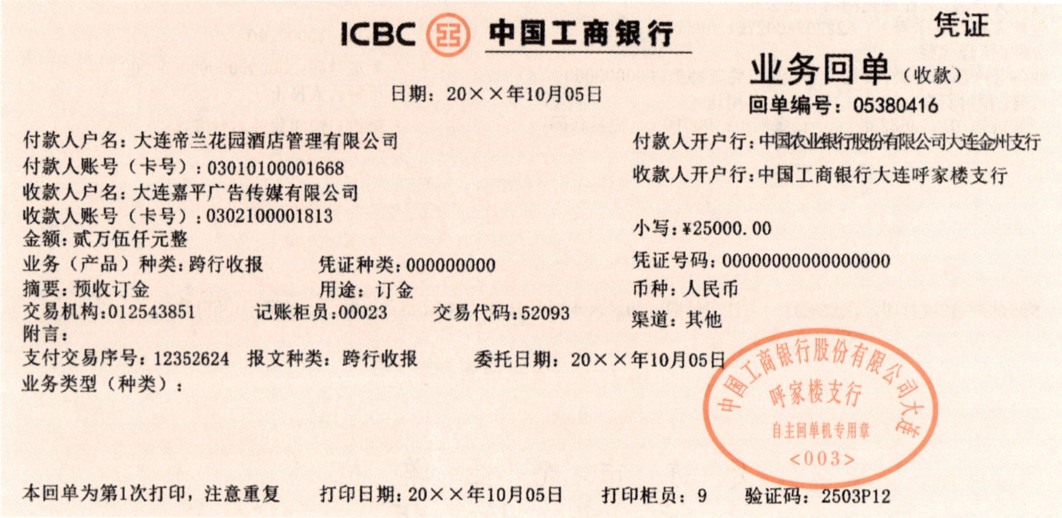
ICBC 中国工商银行 凭证

业务回单（收款）

日期：20××年10月05日 回单编号：05380416

付款人户名：大连帝兰花园酒店管理有限公司 付款人开户行：中国农业银行股份有限公司大连金州支行
付款人账号（卡号）：03010100001668 收款人开户行：中国工商银行大连呼家楼支行
收款人户名：大连嘉平广告传媒有限公司
收款人账号（卡号）：0302100001813 小写：¥25000.00
金额：贰万伍仟元整
业务（产品）种类：跨行收报 凭证种类：000000000 凭证号码：0000000000000000
摘要：预收订金 用途：订金 币种：人民币
交易机构：012543851 记账柜员：00023 交易代码：52093 渠道：其他
附言：
支付交易序号：12352624 报文种类：跨行收报 委托日期：20××年10月05日
业务类型（种类）：

中国工商银行股份有限公司大连呼家楼支行 自主回单机专用章 <003>

本回单为第1次打印，注意重复 打印日期：20××年10月05日 打印柜员：9 验证码：2503P12

图7-4 收款业务回单

【附件2】往来收据如图7-5所示。

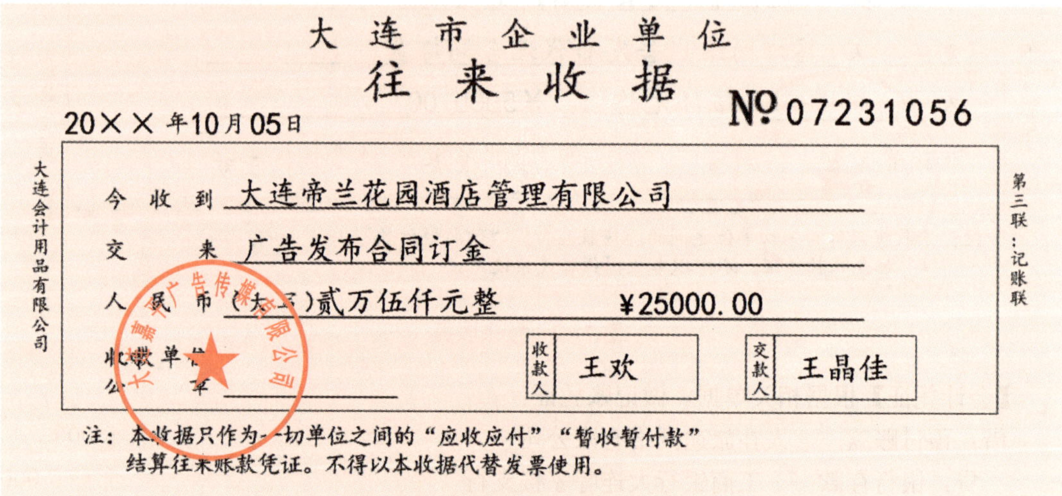
大连市企业单位

往来收据

20××年10月05日 №07231056

今收到 大连帝兰花园酒店管理有限公司
交来 广告发布合同订金
人民币（大写）贰万伍仟元整 ¥25000.00
收款单位公章 收款人 王欢 交款人 王晶佳

注：本收据只作为一切单位之间的"应收应付""暂收暂付款"结算往来账款凭证。不得以本收据代替发票使用。

大连会计用品有限公司

第三联：记账联

大连嘉平广告传媒有限公司

图7-5 往来收据

【会计凭证】根据相关单据，做记账凭证：

借：银行存款——工商银行大连呼家楼支行 25 000

贷：预收账款——大连帝兰花园酒店管理有限公司 25 000

【解析】与客户签订网络广告发布合同，预收订金，应借记"银行存款"科目，贷记

“预收账款”科目。

3. 确认网络广告收入

【经济业务 74】

截至 20××年 10 月 30 日，同时根据历史数据监测可知，大连帝兰花园酒店管理有限公司广告在人在旅途网络平台平均浏览次数为 20 000 人/天，广告费用为 25 000（20 000/1 000×50×25）元。大连嘉平广告传媒有限公司月末确认广告收入，为大连帝兰花园酒店管理有限公司开具增值税专用发票。

【附件】增值税专用发票如图 7－6 所示。

2102698512　　大连增值税专用发票　　№ 09753222　2102698512 09753222

此联不作报销、扣税凭证使用　　开票日期：20××年10月30日

购买方	名称：大连帝兰花园酒店管理有限公司 纳税人识别号：91210101239016888A 地址、电话：辽宁省大连市金州新区和平路234号 0411-87877788 开户行及账号：中国农业银行股份有限公司大连金州支行 03010100001668	密码区	028/<6127<3-7*71-/<>6-*751/ 933*<75563/1+<5821<25367348 -2>*3258+7937<3>>/2199275+/ >10<=*1*636/7295->58+9<4**7

货物或应税劳务、服务名称	规格型号	单位	数量	单价	金额	税率	税额
*广告服务*广告发布费		次	1	23584.91	23584.91	6%	1415.09
合　　计					¥23584.91		¥1415.09
价税合计（大写）	⊗贰万伍仟元整				（小写）¥25000.00		

销售方	名称：大连嘉平广告传媒有限公司 纳税人识别号：912101157763612I7H 地址、电话：大连市旅顺口区阳光公寓1229室 0411-66320045 开户行及账号：中国工商银行大连呼家楼支行 03021100001813	备注	

收款人：王欢　　复核：唐钢　　开票人：李丽　　销售方：（章）

税总函〔20××〕3117号北京印钞有限公司

第一联：记账联　销售方记账凭证

图 7－6　增值税专用发票

【会计凭证】根据相关单据，做记账凭证：

借：预收账款——大连帝兰花园酒店管理有限公司　　25 000

　贷：应交税费——应交增值税（销项税额）　　1 415.09

　　　主营业务收入——广告发布收入　　23 584.91

【解析】确认网络广告收入，应借记“预收账款”科目，贷记“主营业务收入”“应交税费”等科目。

4. 与网络平台结算广告代理款

【经济业务 75】

20××年 10 月 30 日，大连嘉平广告传媒有限公司与人在旅途网络有限公司结算大连帝兰花园酒店管理有限公司广告代理款 2 500（20 000/1 000×5×25）元，收到增值税专用发票。

【附件】增值税专用发票如图 7－7 所示。

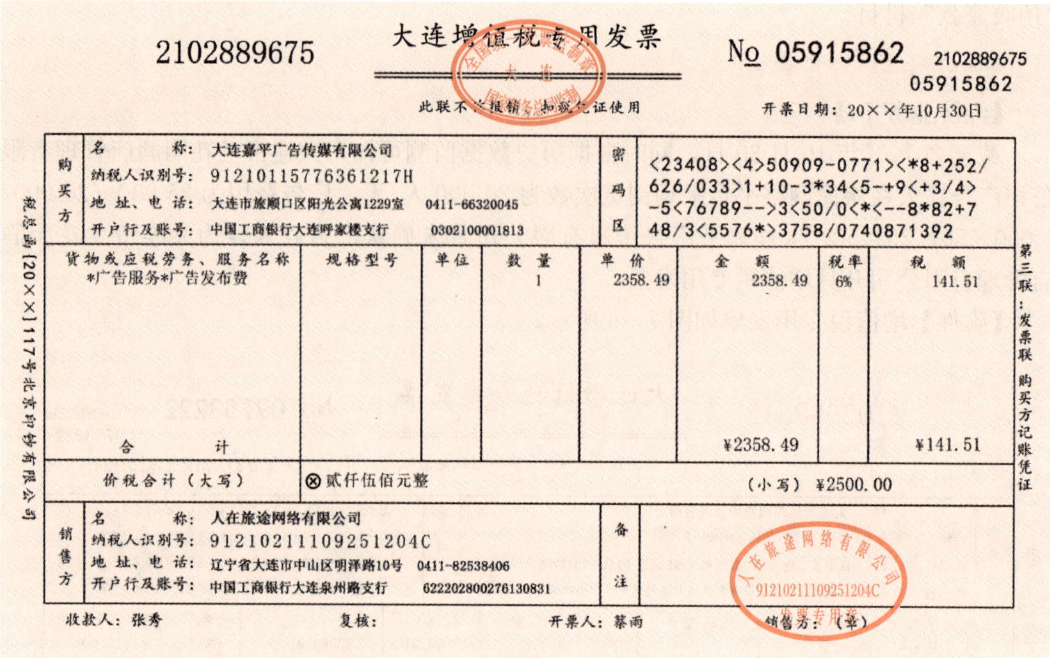
2102889675 大连增值税专用发票 № 05915862 2102889675 05915862

此联不作报销、扣税凭证使用 开票日期：20××年10月30日

购买方	名称：大连嘉平广告传媒有限公司 纳税人识别号：91210115776361217H 地址、电话：大连市旅顺口区阳光公寓1229室 0411-66320045 开户行及账号：中国工商银行大连呼家楼支行 0302100001813	密码区	<23408><4>50909-0771><*8+252/626/033>1+10-3*34<5-+9<+3/4>-5<76789-->3<50/0<*<--8*82+748/3<5576*>3758/0740871392

货物或应税劳务、服务名称	规格型号	单位	数量	单价	金额	税率	税额
*广告服务*广告发布费			1	2358.49	2358.49	6%	141.51
合计					¥2358.49		¥141.51
价税合计（大写）	⊗贰仟伍佰元整				（小写）¥2500.00		

销售方	名称：人在旅途网络有限公司 纳税人识别号：91210211109251204C 地址、电话：辽宁省大连市中山区明泽路10号 0411-82538406 开户行及账号：中国工商银行大连泉州路支行 622202800276130831	备注	

收款人：张秀 复核： 开票人：蔡雨 销售方：（章）

税总函〔20××〕117号北京印钞有限公司

第三联：发票联 购买方记账凭证

图7-7 增值税专用发票

【会计凭证】根据相关单据，做记账凭证：

借：主营业务成本——广告发布成本 2 500

贷：应交税费——应交增值税（进项税额） 141.51

预付账款——人在旅途网络有限公司 2 358.49

【解析】与网络平台结算广告代理款，应借记“应交税费”“主营业务成本”科目，贷记“预付账款”科目。

5. 计算文化事业建设费

【经济业务76】

20××年10月31日，本月应缴纳文化事业建设费的计税基础为16 185.91元，税率为3%，应纳税额485.58元。

【附件】10月税金及附加计提表，如表7-1所示。

表7-1 10月税金及附加计提表（简表）

编制单位：大连嘉平广告传媒有限公司 20××年10月31日 单位：元

项目		金额
文化事业建设费	计征金额	16 185.91
	征收率	3%
	应纳金额	485.58
合计		485.58

审核：唐钢 制表：李丽

【会计凭证】根据相关单据，做记账凭证：

借：税金及附加 485.58

贷：应交税费——文化事业建设费 485.58

【解析】参见经济业务 69 的解析。

（二）户外广告发布业务处理

1. 签订户外广告发布合同，收取订金

【经济业务 77】

20××年 10 月 26 日，大连嘉平广告传媒有限公司与天津大地房地产有限公司签订广告发布合同，合同约定，由大连嘉平广告传媒有限公司代理该单位在友谊商城西侧墙广告位发布房产信息广告，合同约定总含税价为 159 000 元。天津大地房地产有限公司开出银行转账支票预付 80 000 元，出纳填写银行进账单解讫，其余款项于广告发布时支付。

【附件 1】银行进账单如图 7－8 所示。

ICBC 中国工商银行 进账单（收账通知）3

20×× 年 10 月 26 日

出票人	全称	天津大地房地产有限公司	收款人	全称	大连嘉平广告传媒有限公司
	账号	20110000000098		账号	0302100001813
	开户银行	中国农业银行天津榕苑路支行		开户银行	中国工商银行大连呼家楼支行
金额	人民币（大写）	捌万元整		亿千百十万千百十元角分	¥8000000
票据种类	转账支票	票据张数	1		
票据号码	72593614				
复核 许云 记账 何强				开户银行签章	

（印章：中国工商银行股份有限公司大连呼家楼支行 20××.10.26 受理凭证专用章 收妥抵用（01））

此联是收款人开户银行交给收款人的收账通知

图 7－8　银行进账单

【附件 2】往来收据如图 7－9 所示。

大连市企业单位
往来收据

20××年 10月 26 日　　№03659728

今收到　天津大地房地产有限公司

交来　预收广告制作费

人民币（大写）捌万元整　¥80000.00

收款单位公章　　收款人 王欢　　交款人 陈珊

（印章：大连嘉平广告传媒有限公司）

注：本收据只作为一切单位之间的“应收应付”“暂收暂付款”结算往来账款凭证。不得以本收据代替发票使用。

大连会计用品有限公司　　第三联：记账联

图 7－9　往来收据

【会计凭证】根据相关单据，做记账凭证：

借：银行存款——工商银行大连呼家楼支行　　80 000

　贷：预收账款——天津大地房地产有限公司　　80 000

【解析】签订户外广告发布合同，收取定金，应借记“银行存款”科目，贷记“预收账款”科目。

2. 户外广告发布，收取余款

【经济业务 78】

20××年 10 月 30 日，完成天津大地房地产有限公司楼顶广告发布，收取余款。天津大地房地产有限公司开出银行转账支票支付余款 79 000 元，出纳填写银行进账单解讫。

【附件 1】银行进账单如图 7 - 10 所示。

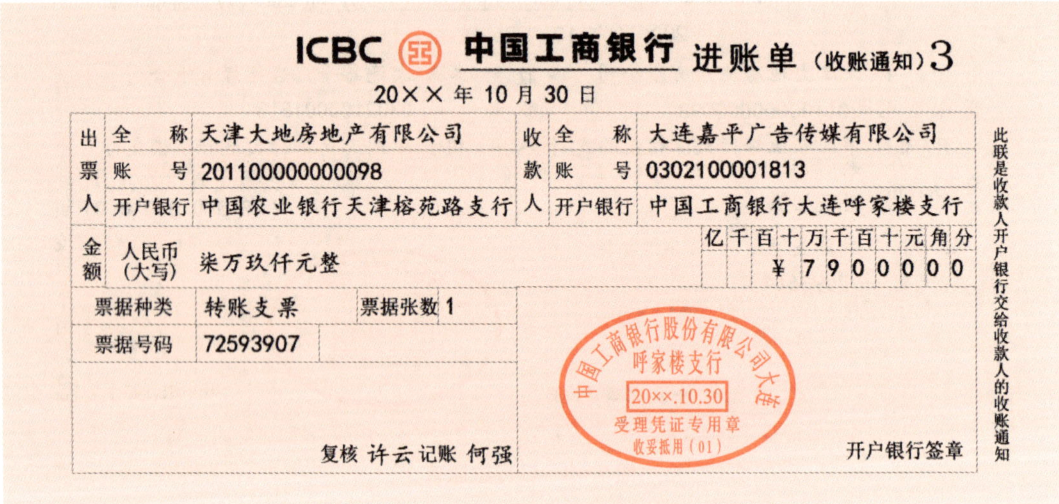

ICBC 中国工商银行 进账单（收账通知）3

20×× 年 10 月 30 日

出票人			收款人		
全称	天津大地房地产有限公司		全称	大连嘉平广告传媒有限公司	
账号	201100000000098		账号	0302100001813	
开户银行	中国农业银行天津榕苑路支行		开户银行	中国工商银行大连呼家楼支行	
金额	人民币（大写）	柒万玖仟元整		亿千百十万千百十元角分	¥ 7 9 0 0 0 0 0
票据种类	转账支票	票据张数 1			
票据号码	72593907				

复核 许云 记账 何强　　开户银行签章

中国工商银行股份有限公司大连呼家楼支行 20××.10.30 受理凭证专用章 收妥抵用（01）

此联是收款人开户银行交给收款人的收账通知

图 7 - 10　银行进账单

【附件 2】增值税专用发票如图 7 - 11 所示。

【会计凭证】根据相关单据，做记账凭证：

借：银行存款——工商银行大连呼家楼支行　　79 000

　　预收账款——天津大地房地产有限公司　　80 000

　贷：应交税费——应交增值税（销项税额）　　9 000

　　　主营业务收入——广告发布收入　　150 000

【解析】户外广告发布，收取余款应借记“银行存款”“预收账款”科目，贷记“主营业务收入”“应交税费”科目。

（三）计提短期借款利息

会计处理同六月。

（四）差旅费借款

【经济业务 79】

20××年 10 月 26 日，张涛出差需借款现金 2 000 元。

2102698512　　大连增值税专用发票　　No 09753223　　2102698512 09753223

此联不作报销、扣税凭证使用　　开票日期：20××年10月30日

购买方	名　　称：天津大地房地产有限公司 纳税人识别号：911201170000155588 地 址、电 话：天津滨海高新区华苑产业园区 022-1265465 开户行及账号：中国农业银行天津榕苑路支行 201100000000098	密码区	028/<6127<3-7*71-/<>6-*751/ 933*<75563/1+<5821<25367348 -2>*3258+7937<3>>/2199275+/ >10<=*1*636/7295->58+9<4**7

货物或应税劳务、服务名称	规格型号	单位	数量	单价	金额	税率	税额
*广告服务*广告发布费		次	1	150000.00	150000.00	6%	9000.00
合　　计					¥150000.00		¥9000.00
价税合计（大写）	⊗壹拾伍万玖仟元整				（小写）¥159000.00		

销售方	名　　称：大连嘉平广告传媒有限公司 纳税人识别号：91210115776361217H 地 址、电 话：大连市旅顺口区阳光公寓1229室 0411-66320045 开户行及账号：中国工商银行大连呼家楼支行 03021100001813	备注	大连嘉平广告传媒有限公司 91210115776361217H 发票专用章

收款人：王欢　　复核：唐钢　　开票人：李丽　　销售方：（章）

税总函[20××]3117号北京印钞有限公司

第一联：记账联　销售方记账凭证

图 7－11　增值税专用发票

【附件】借款单如图 7－12 所示。

借款单

日期：20××年 10 月 26 日　　　　编号：0069

单位名称	大连嘉平广告传媒有限公司		部门	管理部	借款人	张涛
借款方式	☑现金　☐支票　☐电汇　☐其他					
用途	差旅费					
请款金额	（大写）：贰仟元整					¥2 000.00
收款银行	中国民生银行香泉支行		银行账号	6226220506989926		
项目经理		部门副经理	唐钢		部门经理	
副总经理		总经理			董事长	

核算：李丽　　会计：李丽　　借（领）款人：张涛　　附单据：张

图 7－12　借款单

【会计凭证】根据相关单据，做记账凭证：

借：其他应收款——张涛　　2 000

　贷：库存现金　　2 000

【解析】

（1）差旅费是指出差期间因办理公务而产生的交通费、住宿费和公杂费等各项费用。差旅费是行政事业单位和企业的一项重要的经常性支出项目。

(2) 产生差旅费借款，应借记“其他应收款”科目，贷记“库存现金”科目。

(五) 预缴第三季度企业所得税

预缴企业第三季度所得税业务处理方法同第二季度。

(六) 企业所得税月 (季) 度预缴纳税申报表的填写

纳税申报表填写见 7 月份。

(七) 10 月日常业务数据表

10 月日常业务处理方法同 1 月。10 月日常业务数据如表 7-2 所示。

表 7-2　10 月日常业务数据表

单位：元

项目	内容	数据
计提类	工资	97 000.00
	社保	15 055.20
	公积金	9 603.00
	工会经费	1 940.00
	折旧	7 240.01
	税金及附加	2 319.89
	印花税	0.00
缴纳类	相关税费	113 955.06
	社险	23 745.60
	公积金	9 603.00
	工会经费	6 028.00
结转类	本月未交增值税	15 285.92
	各项收入	1 137 938.01
	各项成本费用	1 021 397.70
其他业务	发工资	78 027.51

二、11 月会计业务处理

(一) 手续费方式广告代理业务

手续费方式代理，即佣金式代理，是按照委托方所订的价格，以委托方名义销售，收入归委托方所有。受托方抽取一定比例作为报酬，即佣金。

【经济业务 80】

20××年 11 月 5 日，大连嘉平广告传媒有限公司与大连日报传媒有限公司签订《大连日报》1/2 版和中缝广告代理合同。合同约定，大连嘉平广告传媒有限公司按广告费的

15%收取佣金，按期收费。11 月 25 日，大连嘉平广告传媒有限公司在《大连日报》的 1/2 版刊登汽车广告一期，大连日报传媒有限公司收取广告费 10 600 元，大连嘉平广告传媒有限公司收取佣金 1 590 元。

【附件 1】收款业务回单如图 7－13 所示。

ICBC 中国工商银行　　凭证

业务回单（收款）

日期：20××年11月05日　　回单编号：052316545

付款人户名：大连日报传媒有限公司　　付款人开户行：中国工商银行大连解放路支行
付款人账号（卡号）：03020000200057　　收款人开户行：中国工商银行大连呼家楼支行
收款人户名：大连嘉平广告传媒有限公司
收款人账号（卡号）：0302100001813　　小写：¥1590.00
金额：壹仟伍佰玖拾元整
业务（产品）种类：跨行收报　　凭证种类：000000000　　凭证号码：00000000000000000
摘要：广告代理佣金　　用途：代理费　　币种：人民币
交易机构：015426134　　记账柜员：00023　　交易代码：52093　　渠道：其他
附言：
支付交易序号：015428430　　报文种类：跨行收报　　委托日期：20××年11月05日
业务类型（种类）：

（印章：中国工商银行股份有限公司大连呼家楼支行 自主回单机专用章 <003>）

本回单为第1次打印，注意重复　　打印日期：20××年11月05日　　打印柜员：9　　验证码：101G548

图 7－13　收款业务回单

【附件 2】增值税专用发票如图 7－14 所示。

2102212136　　大连增值税专用发票　　№11754330　　2102212136　11754330

此联不作报销、扣税凭证使用　　开票日期：20××年11月05日

购买方	名　　称：大连日报传媒有限公司 纳税人识别号：91210128866321556R 地 址、电 话：大连市中山区世纪街52号 0411-82805569 开户行及账号：中国工商银行大连解放路支行 03020000200057				密码区	028/<6127<3-7*71-/<>6-*751/ 933*<75563/1+<5821<25367348 -2>*3258+7937<3>>/2199275+/ >10<=*1*636/7295->58+9<4*<3		
货物或应税劳务、服务名称		规格型号	单位	数量	单价	金额	税率	税额
*广告服务*代理费			次	1	1500.00	1500.00	6%	90.00
合　　计						¥1500.00		¥90.00
价税合计（大写）		⊗壹仟伍佰玖拾元整				（小写）¥1590.00		
销售方	名　　称：大连嘉平广告传媒有限公司 纳税人识别号：91210115776361217H 地 址、电 话：大连市旅顺口区阳光公寓1229室 0411-66320045 开户行及账号：中国工商银行大连呼家楼支行 03021100001813				备注	（印章：大连嘉平广告传媒有限公司 91210115776361217H 发票专用章）		

收款人：王欢　　复核：唐钢　　开票人：李丽　　销售方：（章）

税总函〔20××〕3117号北京印钞有限公司

第一联：记账联 销售方记账凭证

图 7－14　增值税专用发票

【会计凭证】根据相关单据，做记账凭证：

借：银行存款——工商银行大连呼家楼支行　　1 590

　　贷：主营业务收入——广告收入　　1 590

【解析】发生手续费方式广告代理业务应借记“应交税费”“主营业务成本”科目，贷记“银行存款”及明细科目。

（二）归还短期借款

【经济业务 81】

20××年 11 月 10 日，短期借款到期，支付短期借款 50 000 元。

【附件】付款业务回单如图 7 - 15 所示。

ICBC 中国工商银行　　凭证

业务回单（付款）

日期：20××年11月10日　　回单编号：02403685

付款人户名：大连嘉平广告传媒有限公司　　付款人开户行：中国工商银行大连呼家楼支行

付款人账号（卡号）：0302100001813　　收款人开户行：中国工商银行大连呼家楼支行

收款人户名：中国工商银行大连呼家楼支行

收款人账号（卡号）：　　小写：¥50000.00

金额：伍万元整

业务（产品）种类：转账　　凭证种类：000000000　　凭证号码：0000000000000000

摘要：归还短期借款本金　　用途：　　币种：人民币

交易机构：0302100001813　记账柜员：00010　交易代码：09834675　　渠道：中间业务后台方式

中国工商银行股份有限公司大连呼家楼支行 自主回单机专用章 <003>

本回单为第2次打印，注意重复　打印日期：20××年11月10日　打印柜员：9　验证码：9081163

图 7 - 15　付款业务回单

【会计凭证】根据相关单据，做记账凭证：

借：短期借款　　50 000

　　贷：银行存款——工商银行大连呼家楼支行　　50 000

【解析】

（1）短期借款的核算主要包括三个方面的内容：第一，取得借款的核算（企业从银行或其他金融机构借入款项时，应签订借款合同，注明借款金额、借款利率和还款时间等）；第二，借款利息的核算；第三，归还借款的核算。短期借款一般期限不长，通常在取得借款日，按取得的金额入账。

（2）归还短期借款应借记“短期借款”科目，贷记“银行存款”科目。

（三）计提短期借款利息

会计处理方法同六月。

（四）支付短期借款利息

【经济业务 82】

20××年 11 月 10 日，短期借款到期，支付短期借款利息共 1 500 元。

【附件】付款业务回单如图 7－16 所示。

ICBC 中国工商银行 凭证

业务回单（付款）

日期：20××年11月10日

回单编号：03904687

付款人户名：大连嘉平广告传媒有限公司　　付款人开户行：中国工商银行大连呼家楼支行

付款人账号（卡号）：0302100001813　　收款人开户行：中国工商银行大连呼家楼支行

收款人户名：中国工商银行大连呼家楼支行

收款人账号（卡号）：

金额：壹仟伍佰元整　　小写：¥1500.00

业务（产品）种类：转账　　凭证种类：000000000　　凭证号码：0000000000000000

摘要：归还短期借款利息　　用途：　　币种：人民币

交易机构：0302100001813　记账柜员：00010　交易代码：16983750　渠道：中间业务后台方式

中国工商银行股份有限公司大连呼家楼支行 自主回单机专用章 <003>

本回单为第2次打印，注意重复　打印日期：20××年11月10日　打印柜员：9　验证码：3086594

图 7－16 付款业务回单

【会计凭证】根据相关单据，做记账凭证：

借：应付利息　　1 500

　贷：银行存款——工商银行大连呼家楼支行　　1 500

【解析】

（1）企业取得短期借款而发生的利息费用，一般作为财务费用处理，计入当期损益。银行或其他金融机构一般按季度在季末月份结算借款利息，每季度的前两个月不支付利息。

（2）支付短期借款利息应借记“财务费用”“应付利息”科目，贷记“银行存款”及明细科目。

（五）11 月日常业务数据

11 月日常业务处理方法同 1 月。11 月日常业务数据如表 7－3 所示。

表 7－3 11 月日常业务数据表

单位：元

项目	内容	数据
计提类	工资	97 000.00
	社保	15 055.20
	公积金	9 603.00

续表

项目	内容	数据
缴纳类	工会经费	1 940.00
	折旧	7 240.01
	税金及附加	477.10
	印花税	0.00
	相关税费	11 873.85
	社险	23 745.60
	公积金	9 603.00
	工会经费	0.00
结转类	本月未交增值税	734.01
	各项收入	1 011 391.34
	各项成本费用	1 134 607.06
其他业务	发工资	78 027.51

三、12 月会计业务处理

（一）发放职工福利费

【经济业务 83】

20××年 12 月 26 日，计提取暖供热补贴 10 400 元（取暖供热补贴发放标准为每人 520 元），与 12 月工资合并计提。

【附件】工资表如表 7－4 所示。

【会计凭证】根据相关单据，做记账凭证：

借：主营业务成本——自营制作成本　　39 660

　　管理费用——职工薪酬　　67 740

　贷：应付职工薪酬——工资　　107 400

【解析】《企业会计准则第 9 号——职工薪酬》应用指南规定，职工薪酬包括企业为职工在职期间和离职后提供的全部货币性薪酬和非货币性福利。提供给职工配偶、子女或其他被赡养人的福利等，也属于职工薪酬。取暖供热补助是企业保证职工在劳动生产过程中的安全和身体健康，为其任职和受雇的员工发放的，应该在“应付职工薪酬——职工福利”科目下核算。

【经济业务 84】

20××年 12 月 28 日，发放本月工资。其中岗位工资为 107 400 元，取暖费 10 400 元（取暖供热补贴发放标准为每人 520 元），包括由个人承担的社会保险费 9 166.5 元、住房公积金 9 603 元、个人所得税 202.99 元，最终通过银行存款支付给职工 88 427.51 元。

【附件 1】工资表如表 7－4 所示。

表 7-4　12 月工资表

编制单位：大连嘉平广告传媒有限公司　　20××年 12 月 26 日　　单位：元

部门	岗位工资	月度绩效	其他	应发工资	五险基数	社会统筹保险							工伤（单位）	生育（单位）	住房公积金		工会会费		6 项专项附加扣除	个税	实发工资
						养老（单位）	养老（个人）	失业（单位）	失业（个人）	医疗（单位）	医疗（个人）	大额救助（个人）			单位	个人	单位	个人			
行政部	17 500.00		1 560.00	19 060.00	15 750.00	2 520.00	1 260.00	78.75	78.75	1 575.00	315.00		31.50	78.75	1 732.50	1 732.50			4 000.00	96.50	15 577.25
财务部	15 500.00		1 560.00	17 060.00	13 950.00	2 232.00	1 116.00	69.72	69.75	1 395.00	279.00		27.90	69.75	1 534.50	1 534.50			6 000.00	43.56	14 017.19
媒介部	28 500.00		3 120.00	31 620.00	25 650.00	4 104.00	2 052.00	128.25	128.25	2 565.00	513.00		51.30	128.25	2 821.50	2 821.50			25 650.00	43.56	26 061.69
制作部	27 000.00		1 040.00	28 040.00	24 300.00	3 888.00	1 944.00	121.50	121.50	2 430.00	486.00		48.60	121.50	2 673.00	2 673.00			15 000.00	19.37	22 796.13
安装部	8 500.00		3 120.00	11 620.00	7 650.00	1 224.00	612.00	38.25	38.25	765.00	153.00		15.30	38.25	841.50	841.50			6 000.00		9 975.25
合计	97 000.00		10 400.00	107 400.00	87 300.00	13 968.00	6 984.00	436.47	436.50	8 730.00	1 746.00		174.60	436.50	9 603.00	9 603.00			56 650.00	202.99	88 427.51

审核：唐钢　　制表：李丽

【附件 2】取暖费分配表如表 7－5 所示。

表 7－5　取暖费分配表

单位：元

序号	姓名	部门	取暖费	领取人签名
1	张涛	行政部	520.00	张涛
2	丁森	行政部	520.00	丁森
3	万兰	行政部	520.00	万兰
4	严伟	媒介部	520.00	严伟
5	丰元	媒介部	520.00	丰元
6	于绍东	媒介部	520.00	于绍东
7	任军	媒介部	520.00	任军
8	关竹月	媒介部	520.00	关竹月
9	傅超	媒介部	520.00	傅超
10	唐钢	财务部	520.00	唐钢
11	李丽	财务部	520.00	李丽
12	王欢	财务部	520.00	王欢
13	冯承	制作部	520.00	冯承
14	刁方宇	制作部	520.00	刁方宇
15	邢亮	制作部	520.00	邢亮
16	吴志娟	制作部	520.00	吴志娟
17	刘义民	制作部	520.00	刘义民
18	卢昆	制作部	520.00	卢昆
19	吕鑫	安装队	520.00	吕鑫
20	吴志	业务部	520.00	吴志
合计			¥10 400.00	

【附件 3】转账支票如图 7－17 所示。

中国工商银行
转账支票存根
10201232
20262042
附加信息
出票日期20××年 12 月 28 日
收款人：大连嘉平广告传媒有限公司
金　额：¥88427.51
用　途：支付工资
单位主管 唐钢　会计 李丽

图 7－17　转账支票

【会计凭证】根据相关单据，做记账凭证：

借：应付职工薪酬——工资 107 400

　贷：银行存款——工商银行大连呼家楼支行 88 427.51

　　其他应收款——职工公积金个人部分 9 603

　　其他应收款——职工保险个人部分 9 166.5

　　应交税费——应交代扣个人所得税 202.99

【解析】

(1) 见经济业务 15 的解析 (1)。

(2) 见经济业务 15 的解析 (2)。

(3) 见经济业务 83 的解析。

(二) 年终奖金发放

2018 年 12 月 27 日，财政部发布的《关于个人所得税法修改的有关优惠政策衔接问题的通知》规定，居民个人取得全年一次性资金，在 2021 年 12 月 31 日前，不并入当年综合所得，以全年一次性奖金收入除以 12 个月得到的数额，按照月度税率来确定适用税率和速算扣除数，单独计算纳税。计算公式为：

应纳税额＝全年一次性奖金收入×适用税率－速算扣除数

居民个人取得全年一次性奖金，也可以选择并入当年综合所得计算纳税。

自 2022 年 1 月 1 日起，居民个人取得全年一次性奖金，应并入当年综合所得计算缴纳个人所得税。

【经济业务 85】

20××年 12 月 28 日，发放年终奖。其中年终奖 97 000 元，个人所得税 1 933.68 元，最终通过银行存款支付给职工 95 066.32 元。

【附件 1】年终奖发放表如表 7－6 所示。

【附件 2】付款业务回单如图 7－18 所示。

【会计凭证】根据相关单据，做记账凭证：

借：应付职工薪酬——奖金、津贴和补贴 97 000

　贷：银行存款——工商银行大连呼家楼支行 94 090

　　应交税费——应交个人所得税 2 910

【解析】

(1) 年终奖是指每年度末企业给予员工不封顶的奖励，是对员工年度工作业绩的肯定。

(2) 年终奖金发放应借记“应付职工薪酬——奖金”科目、“应交税费”及明细科目，贷记“银行存款”及明细科目。

(三) 计提第四季度企业所得税和结转所得税费用

由于本季度亏损，暂不计提企业所得税。

表 7-6 年终奖发放表

编制单位：大连嘉平广告传媒有限公司　　20××年 12 月　　单位：元

部门	岗位工资	月度绩效	其他	应发工资	五险基数	社会统筹保险							工伤（单位）	生育（单位）	住房公积金		个税	实发工资	各部门经理签字
						养老（单位）	养老（个人）	失业（单位）	失业（个人）	医疗（单位）	医疗（个人）	大额救助（个人）			单位	个人			
行政部			17 500.00	17 500.00													525.00	16 975.00	张涛
媒介部			28 500.00	28 500.00													855.00	27 645.00	严伟
财务部			15 500.00	15 500.00													465.00	15 035.00	唐钢
制作部			27 000.00	27 000.00													810.00	26 190.00	冯承
安装部			8 500.00	8 500.00													255.00	8 245.00	吕鑫
合计			97 000.00	97 000.00													2 910.00	94 090.00	

其他：年终奖　　审核：唐钢　　制表：李丽

ICBC 中国工商银行　　凭证

业务回单（付款）

日期：20××年12月28日　　回单编号：04036529

付款人户名：大连嘉平广告传媒有限公司　　付款人开户行：中国工商银行大连呼家楼支行
付款人账号（卡号）：0302100001813　　收款人开户行：
收款人户名：
收款人账号（卡号）：
金额：玖万肆仟零玖拾元整　　小写：¥94090.00
业务（产品）种类：转账　　凭证种类：000000000　　凭证号码：00000000000000000
摘要：发放年终奖　　用途：　　币种：人民币
交易机构：0302100001813　记账柜员：00010　交易代码：82075134　　渠道：中间业务后台方式

中国工商银行股份有限公司大连呼家楼支行 自主回单机专用章 <003>

本回单为第2次打印，注意重复　打印日期：20××年12月28日　打印柜员：9　验证码：1385437

图 7-18　付款业务回单

（四）12 月日常业务数据表

12 月日常业务处理方法同 1 月。12 月日常业务数据如表 7-7 所示。

表 7-7　12 月日常业务数据表

单位：元

项目	内容	数据
计提类	工资	107 400.00
	社保	15 055.20
	公积金	9 603.00
	工会经费	4 088.00
	折旧	7 240.01
	税金及附加	1 359.62
	印花税	0.00
缴纳类	相关税费	592.01
	社险	23 745.60
	公积金	9 603.00
	工会经费	0.00
结转类	本月未交增值税	2 091.74
	各项收入	1 199 343.40
	各项成本费用	1 419 606.82
其他业务	发工资	88 427.51

（五）12 月科目余额表

12 月科目余额表如表 7-8 所示。

（六）12 月资产负债表

12 月资产负债表如表 7-9 所示。

表 7-8 12 月科目余额表

大连嘉平广告传媒有限公司　　20××年 12 月 31 日　　金额单位：元

科目编号	科目名称	年初余额		期初余额		本期发生		本年累计		期末余额	
		方向	金额余额	方向	金额余额	借方金额	贷方金额	借方金额	贷方金额	方向	金额余额
1001	库存现金	借	2 036.05	借	74 304.30	13 186.00	6 559.60	114 133.30	35 238.65	借	80 930.70
1002	银行存款	借	2 486 988.28	借	2 292 596.43	1 172 922.46	1 482 382.76	14 035 904.91	14 539 757.06	借	1 983 136.13
1122	应收账款	平	0.00	平	0.00	100 000.00	0.00	309 823.63	209 823.63	借	100 000.00
1123	预付账款	平	0.00	借	2 500.00	0.00	0.00	5 000.00	2 500.00	借	2 500.00
1221	其他应收款	平	0.00	借	4 000.00	18 769.50	18 769.50	244 434.00	240 434.00	借	4 000.00
1403	原材料	平	0.00	平	0.00	0.00	0.00	21 690.00	21 690.00	平	0.00
1411	周转材料	平	0.00	平	0.00	0.00	0.00	30 376.00	30 376.00	平	0.00
1601	固定资产	借	256 000.00	借	392 242.90	0.00	0.00	136 242.90	0.00	借	392 242.90
1602	累计折旧	贷	45 599.94	贷	111 822.49	0.00	7 217.25	0.00	73 439.80	贷	119 039.74
1604	在建工程	平	0.00	贷	0.00	0.00	0.00	116 242.90	116 242.90	平	0.00
1701	无形资产	平	0.00	借	57 075.47	0.00	0.00	57 075.47	0.00	借	57 075.47
1702	累计摊销	平	0.00	贷	5 707.56	0.00	951.26	0.00	6 658.82	贷	6 658.82
1901	待处理财产损溢	平	0.00	平	0.00	0.00	0.00	147.30	147.30	平	0.00
2001	短期借款	平	0.00	平	0.00	0.00	0.00	50 000.00	50 000.00	平	0.00
2202	应付账款	贷	50 234.12	平	0.00	0.00	0.00	87 624.12	37 390.00	平	0.00
2203	预收账款	平	0.00	贷	25 000.00	0.00	0.00	458 600.00	483 600.00	贷	25 000.00
2211	应付职工薪酬	贷	4 740.00	贷	3 880.00	237 748.60	241 836.60	1 704 391.20	1 707 619.20	贷	7 968.00
2221	应交税费	贷	21 740.55	贷	1 470.98	73 374.70	78 524.95	1 784 871.59	1 769 752.27	贷	6 621.23

续表

科目编号	科目名称	年初余额		期初余额		本期发生		本年累计		期末余额	
		方向	金额余额	方向	金额余额	借方金额	贷方金额	借方金额	贷方金额	方向	金额余额
2231	应付利息	平	0.00	平	0.00	0.00	0.00	1 500.00	1 500.00	平	0.00
2241	其他应付款	贷	627 449.72	平	0.00	0.00	0.00	627 449.72	0.00	平	0.00
4001	实收资本（股本）	贷	2 000 000.00	贷	2 000 000.00	0.00	0.00	0.00	0.00	贷	2 000 000.00
4101	盈余公积	平	0.00	平	0.00	0.00	112 429.75	0.00	112 429.75	贷	112 429.75
4103	本年利润	平	0.00	贷	1 344 538.19	2 543 881.59	1 199 343.40	13 249 633.78	13 249 633.78	平	0.00
4104	利润分配	借	4 740.00	借	669 700.12	224 859.50	1 236 727.28	889 819.62	1 236 727.28	贷	342 167.66
6001	主营业务收入	平	0.00	平	0.00	1 199 343.40	1 199 343.40	13 249 486.48	13 249 486.48	平	0.00
6301	营业外收入	平	0.00	平	0.00	0.00	0.00	147.30	147.30	平	0.00
6401	主营业务成本	平	0.00	平	0.00	1 251 846.04	1 251 846.04	10 833 581.96	10 833 581.96	平	0.00
6403	税金及附加	平	0.00	平	0.00	1 359.62	1 359.62	43 057.58	43 057.58	平	0.00
6601	销售费用	平	0.00	平	0.00	0.00	0.00	3 748.04	3 748.04	平	0.00
6602	管理费用	平	0.00	平	0.00	173 047.81	173 047.81	1 207 537.63	1 207 537.63	平	0.00
6603	财务费用	平	0.00	平	0.00	1 574.46	1 574.46	4 240.61	4 240.61	平	0.00
6711	营业外支出	平	0.00	平	0.00	900.00	900.00	900.00	900.00	平	0.00
6801	所得税费用	平	0.00	平	0.00	0.00	0.00	94 574.23	94 574.23	平	0.00
6901	以前年度损益调整	平	0.00	平	0.00	0.00	0.00	664 960.12	664 960.12	平	0.00
	合计	借：	2 749 764.33	借：	3 492 419.22	7 804 538.58	7 804 538.58	60 815 179.26	60 815 179.26	借：	2 619 885.20
		贷：	2 749 764.33	贷：	3 492 419.22					贷：	2 619 885.20

表 7-9　12 月资产负债表

编制单位：大连嘉平广告传媒有限公司　　20××年 12 月 31 日　　单位：元

资产	期末余额	上年年末余额	负债和所有者权益（或股东权益）	期末余额	上年年末余额
流动资产			流动负债		
货币资金	2 039 066.83	2 489 024.33	短期借款		
交易性金融资产			交易性金融负债		
衍生金融资产			衍生金融负债		
应收票据			应付票据		
应收账款	100 000.00		应付账款		50 234.12
应收款项融资			预收款项		
预付款项	2 500.00		合同负债		
其他应收款	4 000.00		应付职工薪酬	7 968.00	4 740.00
存货			应交税费	6 621.23	21 740.55
合同资产			其他应付款		627 449.72
持有待售资产			持有待售负债		
一年内到期的非流动资产			一年内到期的非流动负债		
其他流动资产			其他流动负债		
流动资产合计	2 145 566.83	2 489 024.33	流动负债合计	14 589.23	704 164.39
非流动资产：			非流动负债：		
债券投资			长期借款		
其他债券投资			应付债券		
长期应收款			其中：优先股		
长期股权投资			永续债		

续表

资产	期末余额	上年年末余额	负债和所有者权益（或股东权益）	期末余额	上年年末余额
其他权益工具投资			租赁负债		
其他非流动金融资产			长期应付款		
投资性房地产			预计负债		
固定资产	273 203.16	210 400.06	递延收益		
在建工程			递延所得税负债		
生产性生物资产			其他非流动负债		
油气资产			非流动负债合计		
使用权资产			负债合计	14 589.23	704 164.39
无形资产	50 416.65		所有者权益（或股东权益）：		
开发支出			实收资本（或股本）	2 000 000.00	2 000 000.00
商誉			其他权益工具		
长摊待摊费用			其中：优先股		
递延所得税资产			永续债		
其他非流动资产			资本公积		
非流动资产合计	323 619.81	210 400.06	减：库存股		
			其他综合收益		
			专项储备		
			盈余公积	112 429.75	
			未分配利润	342 167.66	−4 740.00
			所有者权益（或股东权益）合计	2 454 597.41	1 995 260.00
资产合计	2 469 186.64	2 699 424.39	负债和所有者权益（或股东权益）总计	2 469 186.64	2 699 424.39

（七）12月利润表

12月利润表如表7-10所示。

表7-10 12月利润表

会企02表

编制单位：大连嘉平广告传媒有限公司 20××年12月31日 单位：元

项目	本期金额	上期金额
一、营业收入	1 199 343.40	13 247 896.48
减：营业成本	1 251 846.04	10 833 581.96
税金及附加	1 359.62	43 057.58
销售费用		3 748.04
管理费用	173 070.57	1 207 628.67
研发费用		
财务费用	−1 574.46	−4 240.61
其中：利息费用		
利息收入		
加：其他收益	5 994.95	55 412.58
投资收益（损失以“—”号填列）		
其中：对联营企业和合营企业的投资收益		
以摊余成本计量的金融资产终止确认收益（损失以“—”号填列）		
净敞口套期收益（损失以“—”号填列）		
公允价值变动收益（损失以“—”号填列）		
信用减值损失（损失以“—”号填列）		
资产减值损失（损失以“—”号填列）		
资产处置收益（损失以“—”号填列）		
二、营业利润（亏损以“—”号填列）	−219 363.42	1 219 533.42
加：营业外收入		147.30
减：营业外支出	900.00	900.00
三、利润总额（亏损总额以“—”号填列）	−220 263.42	1 218 780.72
减：所得税费用		94 571.96
四、净利润（净亏损以“—”号填列）	−223 915.63	1 122 409.81
（一）持续经营净利润（净亏损以“—”号填列）		
（二）终止经营净利润（净亏损以“—”号填列）		
五、其他综合收益的税后净额		
（一）不能重分类进损益的其他综合收益		
1. 重新计量设定受益计划变动额		
2. 权益法下不能转损益的其他综合收益		
3. 其他权益工具投资公允价值变动		
4. 企业自身信用风险公允价值变动		
……		
（二）将重分类进损益的其他综合收益		
1. 权益法下可转损益的其他综合收益		

续表

项　　目	本期金额	上期金额
2. 其他债券投资公允价值变动		
3. 金融资产重分类计入其他综合收益的金额		
4. 其他债券投资信用减值准备		
5. 现金流量套期损益的有效部分		
6. 外币财务报表折算差额		
……		
六、综合收益总额		
七、每股收益：		
（一）基本每股收益		
（二）稀释每股收益		

项目八

企业所得税汇算清缴

实训目的

通过实训能够处理广告业企业所得税汇算清缴。

实训内容

年度汇算清缴报表及相关附表的填写。

实训要求

学会年度汇算清缴报表及相关附表的填写。

一、企业所得税年度纳税申报表

（一）企业所得税年度纳税申报表

企业所得税年度纳税申报表如表 8-1 所示。

表 8-1　企业所得税年度纳税申报表封面

税款所属时间：20××年 1 月 1 日至 20××年 12 月 31 日

纳税人识别号（统一社会信用代码）：91210115776361217H
纳税人名称（公章）：大连嘉平广告传媒有限公司
金额单位：人民币元（列至角分）

谨声明：本纳税申报表是根据国家税收法律法规及相关规定填报的，是真实的、可靠的、完整的。

纳税人（签章）：　　　　　　　　20××年 5 月 1 日

经办人：	受理人：
经办人身份证号：	受理税务机关（章）：
代理机构签章：	受理日期：　年　月　日

国家税务总局监制

【解析】《中华人民共和国企业所得税年度纳税申报表 A 类，2018 年版》—《封面》变化：将“纳税人识别号”修改为“纳税人社会信用代码（纳税人识别号）”。

（二）企业所得税年度纳税申报表填报表单

企业所得税年度纳税申报表填报表单如表 8－2 所示。

表 8－2　企业所得税年度纳税申报表填报表单

表单编号	表单名称	是否填报
A000000	企业所得税年度纳税申报基础信息表	√
A100000	中华人民共和国企业所得税年度纳税申报表（A 类）	√
A101010	一般企业收入明细表	√
A101020	金融企业收入明细表	
A102010	一般企业成本支出明细表	√
A102020	金融企业支出明细表	
A103000	事业单位、民间非营利组织收入、支出明细表	
A104000	期间费用明细表	√
A105000	纳税调整项目明细表	√
A105010	视同销售和房地产开发企业特定业务纳税调整明细表	
A105020	未按权责发生制确认收入纳税调整明细表	
A105030	投资收益纳税调整明细表	
A105040	专项用途财政性资金纳税调整明细表	
A105050	职工薪酬支出及纳税调整明细表	√
A105060	广告费和业务宣传费跨年度纳税调整明细表	
A105070	捐赠支出及纳税调整明细表	
A105080	资产折旧、摊销及纳税调整明细表	√
A105090	资产损失税前扣除及纳税调整明细表	
A105100	企业重组及递延纳税事项纳税调整明细表	
A105110	政策性搬迁纳税调整明细表	
A105120	特殊行业准备金及纳税调整明细表	
A106000	企业所得税弥补亏损明细表	√
A107010	免税、减计收入及加计扣除优惠明细表	
A107011	符合条件的居民企业之间的股息、红利等权益性投资收益优惠明细表	
A107012	研发费用加计扣除优惠明细表	
A107020	所得减免优惠明细表	
A107030	抵扣应纳税所得额明细表	
A107040	减免所得税优惠明细表	√
A107041	高新技术企业优惠情况及明细表	
A107042	软件、集成电路企业优惠情况及明细表	
A107050	税额抵免优惠明细表	
A108000	境外所得税收抵免明细表	

续表

表单编号	表单名称	是否填报
A108010	境外所得纳税调整后所得明细表	
A108020	境外分支机构弥补亏损明细表	
A108030	跨年度结转抵免境外所得税明细表	
A109000	跨地区经营汇总纳税企业年度分摊企业所得税明细表	
A109010	企业所得税汇总纳税分支机构所得税分配表	
受控外国企业信息报告表	受控外国企业信息报告表	
非货币性资产投资递延纳税调整明细表	非货币性资产投资递延纳税调整明细表	
居民企业资产（股权）划转特殊性税务处理申报表	居民企业资产（股权）划转特殊性税务处理申报表	
企业重组所得税特殊性税务处理报告表	企业重组所得税特殊性税务处理报告表-主表	
研发项目可加计扣除研究开发费用情况归集表	研发项目可加计扣除研究开发费用情况归集表	
海上油气生产设施弃置费情况表	海上油气生产设施弃置费情况表	
汇总纳税企业分支机构已备案优惠事项清单	汇总纳税企业分支机构已备案优惠事项清单	

说明：企业应当根据实际情况选择需要填报的表单。

【解析】

《中华人民共和国企业所得税年度纳税申报表A类，2018年版》—《企业所得税年度纳税申报表填报表单》变化：

（1）对应调整表单序号。

（2）优化关于填报清洗数据问题。

（3）与基本信息表的对应关系调整问题。

（三）企业基础信息表

企业所得税年度纳税申报基础信息表如表8-3所示。

【解析】

《中华人民共和国企业所得税年度纳税申报表A类，2018年版》—《基础信息表》变化：

基础信息表是填报后续表单的基础，本次修订以简并优化设置、服务主体报表为原则，删除了原表上实用性不强的部分栏次，减轻纳税人填报负担，修订和新增栏次重新与相关附表建立相互联系，增强报表整体体系的逻辑性及关联性。

（1）删除了原表上实用性不强的如："106 境外中资控股居民企业""202 会计档案的存放地""203 会计核算软件"等12项内容。

（2）根据金税三期系统申报规则，将原"更正申报"和"补充申报"对应调整为"申报错误更正"和"自行补正申报"。

表 8-3　企业所得税年度纳税申报基础信息表

<table>
<tr><td colspan="8">基本经营情况（必填项目）</td></tr>
<tr><td colspan="2">101 纳税申报企业类型（填写代码）</td><td colspan="2">000 非跨地区经营企业</td><td>102 分支机构就地纳税比例（%）</td><td colspan="3">0.000000%</td></tr>
<tr><td colspan="2">103 资产总额（填写平均值，单位：万元）</td><td colspan="2">256.83</td><td>104 从业人数（填写平均值，单位：人）</td><td colspan="3">21</td></tr>
<tr><td colspan="2">105 所属国民经济行业（填写代码）</td><td colspan="2">7259 广告业</td><td>106 从事国家限制或禁止行业</td><td colspan="2">☐是</td><td>☑否</td></tr>
<tr><td colspan="2">107 适用会计准则或会计制度（填写代码）</td><td colspan="2">110 企业会计准则</td><td>108 采用一般企业财务报表格式（2018 年版）</td><td colspan="2">√是</td><td>否</td></tr>
<tr><td colspan="2">109 小型微利企业</td><td>☑是</td><td>☐否</td><td>110 上市公司</td><td>☐境内</td><td>☐境外</td><td>☑否</td></tr>
<tr><td colspan="8">有关涉税事项情况（存在或者发生下列事项时必填）</td></tr>
<tr><td colspan="2">201 从事股权投资业务</td><td colspan="2">☐是</td><td>202 存在境外关联交易</td><td colspan="3">☐是</td></tr>
<tr><td colspan="2">203 选择采用的境外所得抵免方式</td><td colspan="2">☐分国（地区）不分期</td><td>☐不分国（地区）不分项</td><td colspan="3">☐否</td></tr>
<tr><td colspan="2">204 有限合伙制创业投资企业的法人合伙人</td><td colspan="2">☐是</td><td>205 创业投资企业</td><td colspan="3">☐是</td></tr>
<tr><td colspan="2">206 技术先进型服务企业类型（填写代码）</td><td colspan="2"></td><td>207 非营利组织</td><td colspan="3">☐是</td></tr>
<tr><td colspan="2">208 软件、集成电路企业类型（填写代码）</td><td colspan="2"></td><td>209 集成电路生产项目类型</td><td colspan="2">☐130 纳米</td><td>☐65 纳米</td></tr>
<tr><td rowspan="2">210 科技型中小企业</td><td>210-1</td><td>20××</td><td colspan="2">年（申报所属期年度）入库编号 1</td><td>210-2 入库时间 1</td><td colspan="2"></td></tr>
<tr><td>210-3</td><td>20××</td><td colspan="2">年（所属期下一年度）入库编号 2</td><td>210-4 入库时间 2</td><td colspan="2"></td></tr>
<tr><td colspan="3" rowspan="2">211 高新技术企业申报所属期年度有效的高新技术企业证书</td><td colspan="2">211-1 证书编号 1</td><td>211-2 发证时间 1</td><td colspan="2"></td></tr>
<tr><td colspan="2">211-3 证书编号 2</td><td>211-4 发证时间 2</td><td colspan="2"></td></tr>
<tr><td colspan="2">212 重组事项税务处理方式</td><td>☐一般性</td><td>☐特殊性</td><td>213 重组交易类型（填写代码）</td><td colspan="3"></td></tr>
<tr><td colspan="2">214 重组当事方类型（填写代码）</td><td colspan="2"></td><td>215 政策性搬迁开始时间</td><td colspan="3"></td></tr>
<tr><td colspan="3">216 发生政策性搬迁且停止生产经营无所得年度</td><td>☐是</td><td>217 政策性搬迁损失分期扣除年度</td><td colspan="3">☐是</td></tr>
<tr><td colspan="3">218 发生非货币性资产对外投资递延纳税事项</td><td>☐是</td><td>219 非货币性资产对外投资转让所得递延纳税年度</td><td colspan="3">☐是</td></tr>
<tr><td colspan="3">220 发生技术成果投资入股递延纳税事项</td><td>☐是</td><td>221 技术成果投资入股递延纳税年度</td><td colspan="3">☐是</td></tr>
<tr><td colspan="3">222 发生资产（股权）划转特殊性税务处理事项</td><td>☐是</td><td>223 债务重组所得递延纳税年度</td><td colspan="3">☐是</td></tr>
<tr><td colspan="8">主要股东及分红情况（必填项目）</td></tr>
<tr><td>股东名称</td><td>证件种类</td><td colspan="2">证件号码</td><td>投资比例（%）</td><td colspan="2">当年（决议日）分配的股息、红利等权益性投资收益金额</td><td>国籍（注册地址）</td></tr>
<tr><td>张涛</td><td>身份证</td><td colspan="2">510114198206212210</td><td>50.00%</td><td colspan="2">0.00</td><td></td></tr>
<tr><td>王丽</td><td>身份证</td><td colspan="2">210702196907146823</td><td>50.00%</td><td colspan="2">0.00</td><td></td></tr>
<tr><td>其余股东合计</td><td>—</td><td colspan="2">—</td><td>100.0000%</td><td colspan="2">0.00</td><td>—</td></tr>
</table>

(3) 根据《国家税务总局关于印发〈跨地区经营汇总纳税企业所得税征收管理办法〉的公告》(国家税务总局 2012 年 57 号公告) 等文件规定，重新划分基本信息表的汇总纳税企业类型。

(4) 为配合非营利组织及企业重组、资产（股权）划转、非货币性投资、技术入股等事项相关数据的填报，在基本信息表中增加对应项目并建立系统对应关联关系。

(四) 中华人民共和国企业所得税年度纳税申报表（A 类）

中华人民共和国企业所得税年度纳税申报表（A 类）如表 8-4 所示。

表 8-4 中华人民共和国企业所得税年度纳税申报表（A 类）

行次	类别	项目	金额
1	利润总额计算	一、营业收入（填写 A101010＼101020＼103000）	13 247 896.48
2		减：营业成本（填写 A102010＼102020＼103000）	10 833 581.96
3		减：税金及附加	36 734.04
4		减：销售费用（填写 A104000）	3 748.04
5		减：管理费用（填写 A104000）	1 207 628.67
6		减：财务费用（填写 A104000）	−4 240.61
7		减：资产减值损失	
8		加：公允价值变动收益	
9		加：投资收益	
10		二、营业利润（1−2−3−4−5−6−7+8+9）	1 223 017.76
11		加：营业外收入（填写 A101010＼101020＼103000）	147.30
12		减：营业外支出（填写 A102010＼102020＼103000）	900.00
13		三、利润总额（10+11−12）	1 222 265.06
14	应纳税所得额计算	减：境外所得（填写 A108010）	
15		加：纳税调整增加额（填写 A105000）	4 730.42
16		减：纳税调整减少额（填写 A105000）	
17		减：免税、减计收入及加计扣除（填写 A107010）	
18		加：境外应税所得抵减境内亏损（填写 A108000）	
19		四、纳税调整后所得（13−14+15−16−17+18）	1 226 995.48
20		减：所得减免（填写 A107020）	
21		减：弥补以前年度亏损（填写 A106000）	4 740.00
22		减：抵扣应纳税所得额（填写 A107030）	
23		五、应纳税所得额（19−20−21−22）	1 222 255.48
24	应纳税额计算	税率（25%）	0.25
25		六、应纳所得税额（23×24）	305 563.87
26		减：减免所得税额（填写 A107040）	233 338.32
27		减：抵免所得税额（填写 A107050）	
28		七、应纳税额（25−26−27）	72 225.55
29		加：境外所得应纳所得税额（填写 A108000）	
30		减：境外所得抵免所得税额（填写 A108000）	
31		八、实际应纳所得税额（28+29−30）	72 225.55

续表

行次	类别	项　　目	金额
32	应纳税额计算	减：本年累计实际已缴纳的所得税额	95 691.31
33		九、本年应补（退）所得税额（31－32）	－23 465.76
34		其中：总机构分摊本年应补（退）所得税额（填写 A109000）	
35		财政集中分配本年应补（退）所得税额（填写 A109000）	
36		总机构主体生产经营部门分摊本年应补（退）所得税额（填写 A109000）	

【解析】

《中华人民共和国企业所得税年度纳税申报表 A 类 ，2018 年版》—《中华人民共和国企业所得税年度纳税申报表》变化：

（1）为了让纳税人充分享受创业投资企业所得税优惠，按照最有利于纳税人的原则，本次将原表 21 行“抵扣应纳税所得额”与 22 行“弥补以前年度亏损”的顺序进行调整，将 21 行改为“弥补以前年度亏损”，22 行改为“抵扣应纳税所得额”。顺序调整后，如纳税人当期既有可抵扣的应纳税所得额，又有需要弥补的以前年度亏损额的，须先用纳税调整后所得弥补以前年度亏损，再用弥补亏损后的余额抵扣创业投资企业可抵扣的应纳税所得额。

（2）全面试行营业税改征增值税后，纳税人会计核算上的“营业税金及附加”科目名称调整为“税金及附加”科目，因此，本次修订将 A100000 表第 3 行“营业税金及附加”调整为“税金及附加”。

二、企业所得税年度纳税申报明细表

（一）一般企业收入明细表

一般企业收入明细表如表 8－5 所示。

表 8－5　一般企业收入明细表

行次	项　　目	金额
1	一、营业收入（2+9）	13 247 896.48
2	（一）主营业务收入（3+5+6+7+8）	
3	1. 销售商品收入	
4	其中：非货币性资产交换收入	
5	2. 提供劳务收入	13 247 896.48
6	3. 建造合同收入	
7	4. 让渡资产使用权收入	
8	5. 其他	
9	（二）其他业务收入（10+12+13+14+15）	
10	1. 销售材料收入	
11	其中：非货币性资产交换收入	

续表

行次	项　　目	金额
12	2. 出租固定资产收入	
13	3. 出租无形资产收入	
14	4. 出租包装物和商品收入	
15	5. 其他	
16	二、营业外收入（17＋18＋19＋20＋21＋22＋23＋24＋25＋26）	147.30
17	（一）非流动资产处置利得	
18	（二）非货币性资产交换利得	
19	（三）债务重组利得	
20	（四）政府补助利得	
21	（五）盘盈利得	147.30
22	（六）捐赠利得	
23	（七）罚没利得	
24	（八）确实无法偿付的应付款项	
25	（九）汇兑收益	
26	（十）其他	

（二）一般企业成本支出明细表

一般企业成本支出明细表如表 8-6 所示。

表 8-6　一般企业成本支出明细表

行次	项　　目	金额
1	一、营业成本（2＋9）	10 833 581.96
2	（一）主营业务成本（3＋5＋6＋7＋8）	
3	1. 销售商品成本	
4	其中：非货币性资产交换成本	
5	2. 提供劳务成本	10 833 581.96
6	3. 建造合同成本	
7	4. 让渡资产使用权成本	
8	5. 其他	
9	（二）其他业务成本（10＋12＋13＋14＋15）	
10	1. 销售材料成本	
11	其中：非货币性资产交换成本	
12	2. 出租固定资产成本	
13	3. 出租无形资产成本	
14	4. 包装物出租成本	
15	5. 其他	
16	二、营业外支出（17＋18＋19＋20＋21＋22＋23＋24＋25＋26）	900.00
17	（一）非流动资产处置损失	
18	（二）非货币性资产交换损失	
19	（三）债务重组损失	

续表

行次	项　　目	金额
20	（四）非常损失	
21	（五）捐赠支出	
22	（六）赞助支出	
23	（七）罚没支出	900.00
24	（八）坏账损失	
25	（九）无法收回的债券股权投资损失	
26	（十）其他	

（三）期间费用明细表

期间费用明细表如表 8－7 所示。

表 8－7　期间费用明细表

行次	项目	销售费用	其中：境外支付	管理费用	其中：境外支付	财务费用	其中：境外支付
		1	2	3	4	5	6
1	一、职工薪酬		*	1 091 340.40	*	*	*
2	二、劳务费					*	*
3	三、咨询顾问费					*	*
4	四、业务招待费	5 338.04	*	4 238.01	*	*	*
5	五、广告费和业务宣传费		*		*	*	*
6	六、佣金和手续费						
7	七、资产折旧摊销费		*	80 189.66	*	*	*
8	八、财产损耗、盘亏及毁损损失		*		*	*	*
9	九、办公费		*	17 436.60	*	*	*
10	十、董事会费		*		*	*	*
11	十一、租赁费					*	*
12	十二、诉讼费		*		*	*	*
13	十三、差旅费		*	3 918.00	*	*	*
14	十四、保险费		*		*	*	*
15	十五、运输、仓储费					*	*
16	十六、修理费					*	*
17	十七、包装费		*		*	*	*
18	十八、技术转让费					*	*
19	十九、研究费用					*	*
20	二十、各项税费		*		*	*	*
21	二十一、利息收支	*	*	*	*	－5 044.61	
22	二十二、汇兑差额	*	*	*	*		
23	二十三、现金折扣	*	*	*	*		*
24	二十四、党组织工作经费	*	*		*	*	*
25	二十五、其他	－1 590.00		10 506.00		804.00	
26	合计（1＋2＋3＋…25）	3 748.04		1 207 628.67		－4 240.61	

【解析】

《中华人民共和国企业所得税年度纳税申报表 A 类，2018 年版》—《期间费用明细表》变化：

本表的设置保留原有期间费用明细表的总体架构，为满足统计工作的需要增加了“党组织工作经费”项目并对应调整表单行次设置。

（四）纳税调整项目明细表

纳税调整项目明细表如表 8-8 所示。

表 8-8 纳税调整项目明细表

行次	项目	账载金额	税收金额	调增金额	调减金额
		1	2	3	4
1	一、收入类调整项目（2+3+…8+10+11）	*	*		
2	（一）视同销售收入（填写 A105010）	*			*
3	（二）未按权责发生制原则确认的收入（填写 A105020）				
4	（三）投资收益（填写 A105030）				
5	（四）按权益法核算长期股权投资对初始投资成本调整确认收益	*	*	*	
6	（五）交易性金融资产初始投资调整	*	*		*
7	（六）公允价值变动净损益		*		
8	（七）不征税收入	*	*		
9	其中：专项用途财政性资金（填写 A105040）	*	*		
10	（八）销售折扣、折让和退回				
11	（九）其他				
12	二、扣除类调整项目（13+14+…24+26+27+28+29+30）	*	*	4 730.42	
13	（一）视同销售成本（填写 A105010）	*		*	
14	（二）职工薪酬（填写 A105050）	1 281 800.00	1 281 800.00		
15	（三）业务招待费支出	9 576.05	5 745.63	3 830.42	*
16	（四）广告费和业务宣传费支出（填写 A105060）	*	*		
17	（五）捐赠支出（填写 A105070）				
18	（六）利息支出				
19	（七）罚金、罚款和被没收财物的损失	900.00	*	900.00	*
20	（八）税收滞纳金、加收利息		*		*
21	（九）赞助支出		*		*
22	（十）与未实现融资收益相关在当期确认的财务费用				

续表

行次	项　　目	账载金额	税收金额	调增金额	调减金额
		1	2	3	4
23	（十一）佣金和手续费支出				*
24	（十二）不征税收入用于支出所形成的费用	*	*		*
25	其中：专项用途财政性资金用于支出所形成的费用（填写 A105040）	*	*		*
26	（十三）跨期扣除项目				
27	（十四）与取得收入无关的支出		*		*
28	（十五）境外所得分摊的共同支出	*	*		*
29	（十六）党组织工作经费				
30	（十七）其他				
31	三、资产类调整项目（32＋33＋34＋35）	*	*		
32	（一）资产折旧、摊销（填写 A105080）	80 189.2	80 189.2		
33	（二）资产减值准备金		*		
34	（三）资产损失（填写 A105090）				
35	（四）其他				
36	四、特殊事项调整项目（37＋38＋…＋42）	*	*		
37	（一）企业重组及递延纳税事项（填写 A105100）				
38	（二）政策性搬迁（填写 A105110）	*	*		
39	（三）特殊行业准备金（填写 A105120）				
40	（四）房地产开发企业特定业务计算的纳税调整额（填写 A105010）	*			
41	（五）合伙企业法人合伙人应分得的应纳税所得额				
42	（六）其他	*	*		
43	五、特别纳税调整应税所得	*	*		
44	六、其他	*	*		
45	合计（1＋12＋31＋36＋43＋44）	*	*	4 730.42	

【解析】

《中华人民共和国企业所得税年度纳税申报表 A 类，2018 年版》—《纳税调整项目明细表》变化：

（1）本表的设置保留原有纳税调整项目明细表的总体架构，同时参照“捐赠支出纳税调整明细表”的修订内容对应调整本表设置。

（2）按照财税〔2008〕159 号文件第四条的规定，为满足纳税人按照“先分后税”原则从合伙企业应分得的法人合伙方应纳税所得额的填报需求，增加“有限合伙企业法人合伙方应分得的应纳税所得额”填报项目。

（五）职工薪酬纳税调整明细表

职工薪酬纳税调整明细表如表 8－9 所示。

表 8-9 职工薪酬纳税调整明细表

行次	项目	账载金额	实际发生额	税收规定扣除率	以前年度累计结转扣除额	税收金额	纳税调整金额	累计结转以后年度扣除额
		1	2	3	4	5	6(1－5)	7(2＋4－5)
1	一、工资薪金支出	1 281 800.00	1 281 800.00	*	*	1 281 800.00		*
2	其中：股权激励			*	*			*
3	二、职工福利费支出			14.00%	*			*
4	三、职工教育经费支出			*				
5	其中：按税收规定比例扣除的职工教育经费			8.00%				
6	按税收规定全额扣除的职工培训费用			100.00%	*			*
7	四、工会经费支出	25 636.00	25 636.00	2.00%	*	25 636.00		*
8	五、各类基本社会保障性缴款	284 947.20	284 947.20	*	*	284 947.20		*
9	六、住房公积金	115 236.00	115 236.00	*	*	115 236.00		*
10	七、补充养老保险			5.00%	*			*
11	八、补充医疗保险			5.00%	*			*
12	九、其他			*	*			*
13	合计（1＋3＋4＋7＋8＋9＋10＋11＋12）	1 707 619.20	1 707 619.20	*		1 707 619.20		

【解析】

《中华人民共和国企业所得税年度纳税申报表 A 类 ，2018 年版》—《职工薪酬支出及纳税调整明细表》变化：

按照本次申报表修订项目的变化，对应期间费用明细表增加项目，在本表同时增加“党组织工作经费”对应纳税调整项目并对应调整表单行次设置。同时，为了解决职工薪酬支出的账载金额与企业实际发生额的差异调整问题，在本表增加实际发生额列次对应调整相关数据钩稽关系。

（六）资产折旧、摊销情况及纳税调整明细表

资产折旧、摊销情况及纳税调整明细表如表 8-10 所示。

【解析】《中华人民共和国企业所得税年度纳税申报表 A 类，2018 年版》—《资产折旧、摊销及纳税调整明细表》变化：

（1）行次：保留了原 A105080 表的设置，增加第 8—17 行“享受固定资产加速折旧及一次性扣除政策的资产加速折旧额大于一般折旧额的部分”相关行次，包括“重要行业固定资产加速折旧（不含一次性扣除）”“其他行业研发设备加速折旧”“允许一次性扣除的固定资产”“允许一次性扣除的固定资产——单价不超过 100 万元专用研发设备”“允许一次性扣除的固定资产——重要行业小型微利企业单价不超过 100 万元研发生产共用设备”“允许一次性扣除的固定资产——5 000 元以下固定资产”“技术进步、更新换代固定资产”“常年强震动、高腐蚀固定资产”“外购软件折旧”“集成电路企业生产设备”；增加“无形资产——软件”及其中“享受企业外购软件加速摊销政策”；增加附列资料“全民所有制企业公司改制资产评估增值政策资产”。

（2）列次：为满足“享受固定资产加速折旧及一次性扣除政策的资产加速折旧额大于一般折旧额的部分”的填报，设置“享受加速折旧政策的资产按税收一般规定计算的本年折旧、摊销额”“加速折旧统计额”两列，用于统计分析加速折旧政策享受情况。

（七）企业所得税弥补亏损明细表

企业所得税弥补亏损明细表如表 8-11 所示。

【解析】《中华人民共和国企业所得税年度纳税申报表 A 类，2018 年版》—《企业所得税弥补亏损明细表》变化：

由于原表中第 2 列名称“纳税调整后所得”与 A100000 表第 19 行名称相同，但填报内容不同，容易造成混淆，不便于纳税人理解，因此，根据第 2 列在 A106000 表中的作用，将调整本表第 2 列的名称由“纳税调整后所得”修改为“可弥补亏损所得”。

（八）减免所得税优惠明细表

减免所得税优惠明细表如表 8-12 所示。

【解析】

《中华人民共和国企业所得税年度纳税申报表 A 类 ，2018 年版》—《减免所得税优惠明细表》变化：

表 8-10 资产折旧、摊销情况及纳税调整明细表

行次	项目		账载金额			税收金额					纳税调整金额
			资产原值	本年折旧、摊销额	累计折旧、摊销额	资产计税基础	税收折旧、摊销额	享受加速折旧政策的资产按税收一般规定计算的折旧、摊销额	加速折旧、摊销统计额	累计折旧、摊销额	
			1	2	3	4	5	6	7=5-6	8	9(2-5)
1	一、固定资产（2+3+4+5+6+7）		393 680.65	73 530.84	119 130.78	393 680.65	73 530.84	*	*	119 130.78	
2	所有固定资产	（一）房屋、建筑物						*	*		
3		（二）飞机、火车、轮船、机器、机械和其他生产设备						*	*		
4		（三）与生产经营活动有关的器具、工具、家具等	90 180.65	5 711.44	5 711.44	90 180.65	5 711.44	*	*	5 711.44	
5		（四）飞机、火车、轮船以外的运输工具	256 000.00	60 799.92	106 399.86	256 000.00	60 799.92	*	*	106 399.86	
6		（五）电子设备	47 500.00	7 019.48	7 019.48	47 500.00	7 019.48	*	*	7 019.48	
7		（六）其他						*	*	0.00	
8	其中：享受固定资产加速折旧及一次性扣除政策的资产加速折旧额大于一般折旧额的部分	（一）重要行业固定资产加速折旧（不含一次性扣除）									*
9		（二）其他行业研发设备加速折旧									*
10		（三）固定资产一次性扣除									*
11		（四）技术进步、更新换代固定资产									*
12		（五）常年强震动、高腐蚀固定资产									*
13		（六）外购软件折旧									*
14		（七）集成电路企业生产设备									*
15	二、生产性生物资产（16+17）							*	*		
16	（一）林木类							*	*		

续表

行次	项目	账载金额			税收金额					纳税调整金额
		资产原值	本年折旧、摊销额	累计折旧、摊销额	资产计税基础	税收折旧、摊销额	享受加速折旧政策的资产按税收一般规定计算的折旧、摊销额	加速折旧、摊销统计额	累计折旧、摊销额	
		1	2	3	4	5	6	7=5−6	8	9(2−5)
17	（二）畜类						*	*		
18	三、无形资产（19+20+21+22+23+24+25+27）	57 075.47	6 658.28	6 658.28	57 075.47	6 658.28	*	*	6 658.28	
19	（一）专利权						*	*		
20	（二）商标权						*	*		
21	（三）著作权						*	*		
22	（四）土地使用权						*	*		
23	（五）非专利技术						*	*		
24	（六）特许权使用费						*	*		
25	（七）软件						*	*		
26	其中：享受企业外购软件加速摊销政策									*
27	（八）其他	57 075.47	6 658.28	6 658.28	57 075.47	6 658.28	*	*	6 658.28	
28	四、长期待摊费用（29+30+31+32+33）						*	*		
29	（一）已足额提取折旧的固定资产的改建支出						*	*		
30	（二）租入固定资产的改建支出						*	*		
31	（三）固定资产的大修理支出						*	*		
32	（四）开办费						*	*		
33	（五）其他						*	*		
34	五、油气勘探投资						*	*		
35	六、油气开发投资						*	*		
36	合计（1+15+18+28+34+35）	450 756.12	80 189.12	125 789.06	393 680.65	80 189.12			125 789.06	
附列资料	全民所有制企业公司制改制资产评估增值政策资产						*	*		

表 8-11 企业所得税弥补亏损明细表

行次	项目	年度	当年境内所得额	分立转出的亏损额	合并、分立转入的亏损额		弥补亏损企业类型	当年亏损额	当年待弥补的亏损额	用本年度所得额弥补的以前年度亏损额		当年可结转以后年度弥补的亏损额
					可弥补年限 5 年	可弥补年限 10 年				使用境内所得弥补	使用境外所得弥补	
		1	2	3	4	5	6	7	8	9	10	11
1	前十年度											
2	前九年度											
3	前八年度											
4	前七年度											
5	前六年度											
6	前五年度											
7	前四年度											
8	前三年度											
9	前二年度											
10	前一年度		−4 740.00					4 740.00	4 740.00			4 740.00
11	本年度	至	1 226 995.48				100 一般企业			4 740.00		−4 740.00
12	可结转以后年度弥补的亏损额合计											

表 8－12 减免所得税优惠明细表

行次	项　　目	金额
1	一、符合条件的小型微利企业减免企业所得税	233 338.32
2	二、国家需要重点扶持的高新技术企业减按 15%的税率征收企业所得税（填写 A107041）	
3	三、经济特区和上海浦东新区新设立的高新技术企业在区内取得的所得定期减免企业所得税（填写 A107041）	
4	四、受灾地区农村信用社免征企业所得税	
5	五、动漫企业自主开发、生产动漫产品定期减免企业所得税	
6	六、线宽小于 0.8 微米（含）的集成电路生产企业减免企业所得税（填写 A107042）	
7	七、线宽小于 0.25 微米的集成电路生产企业减按 15%税率征收企业所得税（填写 A107042）	
8	八、投资额超过 80 亿元的集成电路生产企业减按 15%税率征收企业所得税（填写 A107042）	
9	九、线宽小于 0.25 微米的集成电路生产企业减免企业所得税（填写 A107042）	
10	十、投资额超过 80 亿元的集成电路生产企业减免企业所得税（填写 A107042）	
11	十一、新办集成电路设计企业减免企业所得税（填写 A107042）	
12	十二、国家规划布局内集成电路设计企业可减按 10%的税率征收企业所得税（填写 A107042）	
13	十三、符合条件的软件企业减免企业所得税（填写 A107042）	
14	十四、国家规划布局内重点软件企业可减按 10%的税率征收企业所得税（填写 A107042）	
15	十五、符合条件的集成电路封装、测试企业定期减免企业所得税（填写 A107042）	
16	十六、符合条件的集成电路关键专用材料生产企业、集成电路专用设备生产企业定期减免企业所得税（填写 A107042）	
17	十七、经营性文化事业单位转制为企业的免征企业所得税	
18	十八、符合条件的生产和装配伤残人员专门用品企业免征企业所得税	
19	十九、技术先进型服务企业减按 15%的税率征收企业所得税	
20	二十、服务贸易类技术先进型服务企业减按 15%的税率征收企业所得税	
21	二十一、设在西部地区的鼓励类产业企业减按 15%的税率征收企业所得税	
22	二十二、新疆困难地区新办企业定期减免企业所得税	
23	二十三、新疆喀什、霍尔果斯特殊经济开发区新办企业定期免征企业所得税	
24	二十四、广东横琴、福建平潭、深圳前海等地区的鼓励类产业企业减按 15%税率征收企业所得税	
25	二十五、北京冬奥组委、北京冬奥会测试赛赛事组委会免征企业所得税	
26	二十六、线宽小于 130 纳米的集成电路生产企业减免企业所得税（填写 A107042）	
27	二十七、线宽小于 65 纳米或投资额超过 150 亿元的集成电路生产企业减免企业所得税（填写 A107042）	
28	二十八、其他	
29	二十九、减：项目所得额按法定税率减半征收企业所得税叠加享受减免税优惠	
30	三十、支持和促进重点群体创业就业企业限额减征企业所得税（30.1+30.2）	

续表

行次	项　目				金额
30.1	（一）下岗失业人员再就业				
30.2	（二）高校毕业生就业				
31	三十一、扶持自主就业退役士兵创业就业企业限额减征企业所得税				
32	三十二、民族自治地方的自治机关对本民族自治地方的企业应缴纳的企业所得税中属于地方分享的部分减征或免征	0	0	0.00%	
33	合计（1+2+…+28−29+30+31+32）				

（1）根据总局《所得税优惠事项目录》的规定对各优惠事项的名称进行统一规范，增加了“符合条件的集成电路关键专用材料生产企业、集成电路专用设备生产企业定期减免企业所得税”“服务贸易创新发展试点地区符合条件的技术先进型服务企业减按15%的税率征收企业所得税”“对北京冬奥组委、北京冬奥会测试赛赛事组委会免征企业所得税”。

（2）将“支持和促进重点群体创业就业企业限额减征企业所得税”“扶持自主就业退役士兵创业就业企业限额减征企业所得税”从中间位置放到最后，适应这两个优惠事项在享受其他减免所得税优惠后应纳所得税额仍有余额的才能享受的要求。

（3）删除了受灾地区损失严重的企业、受灾地区的促进就业企业已失效的税收优惠事项；小微企业减半征收项目。将原“其他专项优惠”项目删除，将其二级的各项税收优惠事项全部提升为一级税收优惠事项。

项目九

广告服务行业税务问题汇编

一、广告服务行业增值税问题汇编

（一）企业为其他企业提供广告服务，以美元结算销售额是否需要换算为人民币？

答：销售额需要折合成人民币计算。

依据：《财政部 国家税务总局关于全面推开营业税改征增值税试点的通知》（财税〔2016〕36号）附件1《营业税改征增值税试点实施办法》第三十八条规定，纳税人按照人民币以外的货币结算销售额的，应当折合成人民币计算，折合率可以选择销售额发生的当天或者当月1日的人民币汇率中间价。纳税人应当事先确定采用何种折合率，确定后12个月内不得变更。

（二）某广告公司属于增值税一般纳税人，向其他企业提供广告服务，2019年4月1日以后适用的税率是多少？

答：一般纳税人提供广告服务仍适用6%的税率。

依据：《财政部 国家税务总局关于全面推开营业税改征增值税试点的通知》（财税〔2016〕36号）附件1《营业税改征增值税试点实施办法》第十五条第（一）款规定，纳税人发生应税行为，除本条第（二）项、第（三）项、第

（四）项规定外，税率为 6%。

《财政部 税务总局 海关总署关于深化增值税改革有关政策的公告》（财政部 税务总局 海关总署公告 2019 年第 39 号）第一条规定，增值税一般纳税人（以下称纳税人）发生增值税应税销售行为或者进口货物，原适用 16%税率的，税率调整为 13%；原适用 10%税率的，税率调整为 9%。

（三）从事广告服务的企业购进国内旅客运输服务，取得增值税电子普通发票，能否抵扣进项税额？

答：自 2019 年 4 月 1 日起，纳税人购进国内旅客运输服务符合抵扣条件，其进项税额允许从销项税额中抵扣。纳税人取得增值税电子普通发票的，为发票上注明的税额。

依据：《财政部 税务总局 海关总署关于深化增值税改革有关政策的公告》（财政部 税务总局 海关总署公告 2019 年第 39 号）第六条第（一）款第 1 项规定，纳税人购进国内旅客运输服务，其进项税额允许从销项税额中抵扣。纳税人未取得增值税专用发票的，暂按照以下规定确定进项税额：取得增值税电子普通发票的，为发票上注明的税额。

第六条第（二）款规定，《营业税改征增值税试点实施办法》（财税〔2016〕36 号印发）第二十七条第（六）项和《营业税改征增值税试点有关事项的规定》（财税〔2016〕36 号印发）第二条第（一）项第 5 点中“购进的旅客运输服务、贷款服务、餐饮服务、居民日常服务和娱乐服务”修改为“购进的贷款服务、餐饮服务、居民日常服务和娱乐服务”。

（四）从事广告服务的小规模纳税人转为一般纳税人的标准是什么？

答：从事广告服务的小规模纳税人转为一般纳税人的标准为年应税销售额 500 万元。

依据：《财政部 税务总局关于统一增值税小规模纳税人标准的通知》（财税〔2018〕33 号）第一条规定，增值税小规模纳税人标准为年应征增值税销售额 500 万元及以下。

（五）从事广告服务的增值税小规模纳税人转为一般纳税人是按照自然年计算年应税销售额吗？

答：不是，年应税销售额是指纳税人在连续不超过 12 个月或四个季度的经营期内累计应征增值税销售额。

依据：《增值税一般纳税人登记管理办法》（国家税务总局令第 43 号）第二条规定，本办法所称年应税销售额，是指纳税人在连续不超过 12 个月或四个季度的经营期内累计应征增值税销售额，包括纳税申报销售额、稽查查补销售额、纳税评估调整销售额。

（六）从事广告服务的小规模纳税人超过 500 万元标准，但不经常发生应税行为，能否不办理一般纳税人登记手续？

答：年应税销售额超过规定标准但不经常发生应税行为的单位和个体工商户可选择按照小规模纳税人纳税。

依据：《增值税一般纳税人登记管理办法》（国家税务总局令第 43 号）第四条第（一）款规定，下列纳税人不办理一般纳税人登记：按照政策规定，选择按照小规模纳税人纳税的。

《财政部 国家税务总局关于全面推开营业税改征增值税试点的通知》（财税〔2016〕36 号）附件 1《营业税改征增值税试点实施办法》第三条规定，年应税销售额超过规定标准的其他个人不属于一般纳税人。年应税销售额超过规定标准但不经常发生应税行为的单位和个体工商户可选择按照小规模纳税人纳税。

（七）从事广告服务的一般纳税人，证明其为一般纳税人的凭据是什么？

答：经税务机关核对后退还纳税人留存的《增值税一般纳税人登记表》，可以作为证明纳税人成为增值税一般纳税人的凭据。

依据：《国家税务总局关于增值税一般纳税人登记管理若干事项的公告》（国家税务总局公告 2018 年第 6 号）第八条规定，经税务机关核对后退还纳税人留存的《增值税一般纳税人登记表》，可以作为证明纳税人成为增值税一般纳税人的凭据。

（八）从事广告服务的纳税人销售自己使用过的固定资产，适用简易征收的优惠政策，是否可以放弃减税，开具增值税专用发票？

答：纳税人销售自己使用过的固定资产，适用简易办法依照 3%征收率减按 2%征收增值税政策的，可以放弃减税，按照简易办法依照 3%征收率缴纳增值税，并可以开具增值税专用发票。

依据：《国家税务总局关于营业税改征增值税试点期间有关增值税问题的公告》（国家税务总局公告 2015 年第 90 号）第二条规定，纳税人销售自己使用过的固定资产，适用简易办法依照 3%征收率减按 2%征收增值税政策的，可以放弃减税，按照简易办法依照 3%征收率缴纳增值税，并可以开具增值税专用发票。

（九）从事广告服务的纳税人购买非保本理财产品取得的收益是否征收增值税？

答：金融商品持有期间（含到期）取得的非保本的收益，不属于利息或利息性质的收入，不征收增值税。

依据：《财政部 国家税务总局关于明确金融 房地产开发 教育辅助服务等增值税政策的通知》（财税〔2016〕140 号）第一条规定，《销售服务、无形资产、不动产注释》（财税〔2016〕36 号）第一条第（五）项第 1 点所称“保本收益、报酬、资金占用费、补偿金”，是指合同中明确承诺到期本金可全部收回的投资收益。金融商品持有期间（含到期）取得的非保本的上述收益，不属于利息或利息性质的收入，不征收增值税。

（十）从事广告服务的一般纳税人，员工因公出差发生的餐饮费，能否抵扣进项税额？

答：“营改增”一般纳税人，员工因公出差发生的餐饮费，不得抵扣进项税额。

依据：《财政部 国家税务总局关于全面推开营业税改征增值税试点的通知》（财税〔2016〕36 号）附件 1《营业税改征增值税试点实施办法》第二十五条第（一）款规定，下列进项税额准予从销项税额中抵扣：从销售方取得的增值税专用发票（含税控机动车销售统一发票，下同）上注明的增值税额。

第二十七条第六款规定，下列项目的进项税额不得从销项税额中抵扣：购进的旅客运输服务、贷款服务、餐饮服务、居民日常服务和娱乐服务。

（十一）从事广告服务的小规模纳税人按季申报增值税，既有销售货物业务又有提供服务业务，若当季度应税货物销售额超过 30 万元，但应税服务销售额未达 30 万元，企业能否享受小微企业增值税免税政策？

答：纳税人以所有增值税应税销售行为（包括销售货物、劳务、服务、无形资产和不动产）合并计算销售额，判断是否达到免税标准。所以，上述小规模纳税人当季度增值税应税销售额超过30万元，无法享受小微企业增值税免税政策。

（十二）小规模纳税人提供广告服务，对方索要增值税专用发票，能否向税务机关申请代开？

答：可以向主管税务机关申请代开增值税专用发票。

依据：《财政部 国家税务总局关于全面推开营业税改征增值税试点的通知》（财税〔2016〕36号）附件1《营业税改征增值税试点实施办法》第五十四条规定，小规模纳税人发生应税行为，购买方索取增值税专用发票的，可以向主管税务机关申请代开。

（十三）从事广告服务的企业之间的无息借款，需要缴纳增值税吗？

答：企业无偿提供贷款服务除用于公益事业或者以社会公众为对象的外，需要视同销售服务缴纳增值税。

依据：《财政部 国家税务总局关于全面推开营业税改征增值税试点的通知》（财税〔2016〕36号）附件1《营业税改征增值税试点实施办法》第十四条第（一）款规定，下列情形视同销售服务、无形资产或者不动产：单位或者个体工商户向其他单位或者个人无偿提供服务，但用于公益事业或者以社会公众为对象的除外。

（十四）从事广告服务的一般纳税人将单位工装拿到洗衣店进行清洗，取得了增值税专用发票，进项税额可以抵扣吗？

答：洗衣服务属于居民日常服务，一般纳税人购进居民日常服务的进项税额不得抵扣。

依据：《财政部 国家税务总局关于全面推开营业税改征增值税试点的通知》（财税〔2016〕36号）附件1《营业税改征增值税试点实施办法》第二十七条第（六）款规定，下列项目的进项税额不得从销项税额中抵扣：购进的旅客运输服务、贷款服务、餐饮服务、居民日常服务和娱乐服务。

同时，依据《财政部 国家税务总局关于全面推开营业税改征增值税试点的通知》（财税〔2016〕36号）附件《销售服务、无形资产、不动产注释》第一条第（七）款第5项规定，居民日常服务，是指主要为满足居民个人及其家庭日常生活需求提供的服务，包括市容市政管理、家政、婚庆、养老、殡葬、照料和护理、救助救济、美容美发、按摩、桑拿、氧吧、足疗、沐浴、洗染、摄影扩印等服务。

（十五）从事广告服务的一般纳税人提供广告服务开具增值税专用发票后，购买方取得并已经进行认证抵扣，现在因增值税专用发票开具信息有误需要开具红字增值税专用发票，应如何处理？

答：购买方取得专用发票已用于申报抵扣的，购买方可在增值税发票管理新系统中填开并上传《开具红字增值税专用发票信息表》，在填开《信息表》时不填写相对应的蓝字专用发票信息，应暂依《信息表》所列增值税税额从当期进项税额中转出，待取得销售方开具的红字专用发票后，与《信息表》一并作为记账凭证。主管税务机关通过网络接收纳税人上传的《信息表》，系统自动校验通过后，生成带有"红字发票信息表编号"的《信息表》，并将信息同步至纳税人端系统中。销售方凭税务机关系统校验通过的《信息表》开具红字专用发票，在新系统中以销项负数开具。红字专用发票应与《信息表》一一对应。

依据：《国家税务总局关于红字增值税发票开具有关问题的公告》（国家税务总局公告2016年第47号）第一条。

（十六）一般纳税人企业从事广告服务适用一般计税方法，于2021年1月租入一栋办公大楼，其中第一层用于职工食堂，第二至三层作为提供广告服务的办公楼，企业支付的租赁费取得增值税专用发票能否从销项税额中全额抵扣？

答：一般纳税人企业租入不动产既用于一般计税项目，又用于集体福利的，其进项税额准予从销项税额中全额抵扣。

依据：《关于租入固定资产进项税额抵扣等增值税政策的通知》（财税〔2017〕90号）第一条规定，自2018年1月1日起，纳税人租入固定资产、不动产，既用于一般计税方法计税项目，又用于简易计税方法计税项目、免征增值税项目、集体福利或者个人消费的，其进项税额准予从销项税额中全额抵扣。

（十七）从事广告服务的一般纳税人购进不动产作为办公楼，取得的进项税额是否需要分两年进行抵扣？

答：纳税人取得不动产或者不动产在建工程的进项税额不再分两年抵扣。尚未抵扣完毕的待抵扣进项税额，可自2019年4月税款所属期起从销项税额中抵扣。

依据：《财政部 税务总局 海关总署关于深化增值税改革有关政策的公告》（财政部 税务总局 海关总署公告2019年第39号）第五条规定，自2019年4月1日起，《营业税改征增值税试点有关事项的规定》（财税〔2016〕36号印发）第一条第（四）项第1点、第二条第（一）项第1点停止执行，纳税人取得不动产或者不动产在建工程的进项税额不再分2年抵扣。此前按照上述规定尚未抵扣完毕的待抵扣进项税额，可自2019年4月税款所属期起从销项税额中抵扣。

（十八）从事广告代理服务的一般纳税人取得的银行存款利息收入需要缴纳增值税吗？

答：对于企业取得的银行存款利息不征收增值税。

依据：《财政部 国家税务总局关于全面推开营业税改征增值税试点的通知》（财税〔2016〕36号）附件2《营业税改征增值税试点有关事项的规定》第一条第（二）款第2项规定，存款利息属于不征收增值税项目。

（十九）企业是广告服务的纳税人，定期会给客户一定的折扣优惠，开票时已将全部价款与折扣额开在同一张发票上，那么计算缴纳增值税时，是以折扣价之前的价款计算还是折扣之后的价款计算销售额？

答：纳税人发生应税行为，将价款和折扣额在同一张发票上分别注明的，以折扣后的价款为销售额。

依据：《财政部 国家税务总局关于全面推开营业税改征增值税试点的通知》（财税〔2016〕36号）附件1《营业税改征增值税试点实施办法》第四十三条规定，纳税人发生应税行为，将价款和折扣额在同一张发票上分别注明的，以折扣后的价款为销售额；未在同一张发票上分别注明的，以价款为销售额，不得扣减折扣额。

《国家税务总局关于折扣额抵减增值税应税销售额问题通知》（国税函〔2010〕56号）规定，纳税人采取折扣方式销售货物，销售额和折扣额在同一张发票上分别注明是指销售额和折扣额在同一张发票上的“金额”栏分别注明的，可按折扣后的销售额征收增值税。

未在同一张发票“金额”栏注明折扣额，而仅在发票的“备注”栏注明折扣额的，折扣额不得从销售额中减除。

（二十）从事广告服务的一般纳税人，从银行贷款支付的贷款利息能否抵扣进项税额？支付的贷款手续费能否抵扣进项税额？

答：从事广告服务的一般纳税人从银行贷款，支付的贷款利息及手续费不允许抵扣进项税额。

依据：《财政部 国家税务总局关于全面推开营业税改征增值税试点的通知》（财税〔2016〕36号）附件1《营业税改征增值税试点实施办法》第二十七条第（六）款规定，下列项目的进项税额不得从销项税额中抵扣：购进的贷款服务、餐饮服务、居民日常服务和娱乐服务。

纳税人接受贷款服务向贷款方支付的与该笔贷款直接相关的投融资顾问费、手续费、咨询费等费用，其进项税额不得从销项税额中抵扣。

（二十一）从事广告服务的企业丢失增值税发票如何进行税前扣除？

答：一是企业丢失增值税专用发票，可按照《国家税务总局关于简化增值税发票领用和使用程序有关问题的公告》（2014年第19号）有关规定执行。

二是企业丢失增值税普通发票、通用机打发票，购买方企业暂凭加盖销货方公章或财务专用章的增值税普通发票存根联复印件及通过税务部门网站“发票查验系统”查询的增值税普通发票票面信息结果在税前扣除。

依据：《2018年度企业所得税汇算清缴问题解答》第三十条。

二、广告服务行业企业所得税问题汇编

（一）从事广告服务的企业发生违约金支出，进行企业所得税税前扣除时，该如何准备扣除凭证？

答：违约金是合同一方当事人不履行合同或者履行合同不符合约定时，由违约的一方对另一方当事人支付的用于赔偿损失的金额。属于增值税应税范围的违约金可凭发票、当事双方签订的合同协议在税前扣除，对方为依法无须办理税务登记的单位或者从事小额零星经营业务的个人，其支出以税务机关代开的发票或者收款凭证及内部凭证作为税前扣除凭证，收款凭证应载明收款单位名称、个人姓名及身份证号、支出项目、收款金额等相关信息。不属于增值税应税范围的违约金可凭当事双方签订的合同协议、非现金支付凭证、收款方开具的收款凭证在税前扣除，对方为个人的，以内部凭证作为税前扣除凭证。

依据：《国家税务总局关于发布〈企业所得税税前扣除凭证管理办法〉的公告》（国家税务总局公告2018年第28号）第八条规定，税前扣除凭证按照来源分为内部凭证和外部凭证。

内部凭证是指企业自制用于成本、费用、损失和其他支出核算的会计原始凭证。内部凭证的填制和使用应当符合国家会计法律、法规等相关规定。

外部凭证是指企业发生经营活动和其他事项时，从其他单位、个人取得的用于证明其支出发生的凭证，包括但不限于发票（包括纸质发票和电子发票）、财政票据、完税凭证、

收款凭证、分割单等。

第九条规定，企业在境内发生的支出项目属于增值税应税项目（以下简称“应税项目”）的，对方为已办理税务登记的增值税纳税人，其支出以发票（包括按照规定由税务机关代开的发票）作为税前扣除凭证；对方为依法无须办理税务登记的单位或者从事小额零星经营业务的个人，其支出以税务机关代开的发票或者收款凭证及内部凭证作为税前扣除凭证，收款凭证应载明收款单位名称、个人姓名及身份证号、支出项目、收款金额等相关信息。小额零星经营业务的判断标准是个人从事应税项目经营业务的销售额不超过增值税相关政策规定的起征点。税务总局对应税项目开具发票另有规定的，以规定的发票或者票据作为税前扣除凭证。

第十条规定，企业在境内发生的支出项目不属于应税项目的，对方为单位的，以对方开具的发票以外的其他外部凭证作为税前扣除凭证；对方为个人的，以内部凭证作为税前扣除凭证。

企业在境内发生的支出项目虽不属于应税项目，但按税务总局规定可以开具发票的，可以发票作为税前扣除凭证。

（二）从事广告服务的企业为新员工入职体检发生的费用能否在所得税税前扣除?

答：企业为员工进行体检（含新员工入职体检）实际发生的费用作为企业职工福利费在税前扣除。

依据：《国家税务总局关于企业工资薪金及职工福利费扣除问题的通知》（国税函〔2009〕3 号）第三条第（二）款规定，《实施条例》第四十条规定的企业职工福利费，包括以下内容：为职工卫生保健、生活、住房、交通等所发放的各项补贴和非货币性福利，包括企业向职工发放的因公外地就医费用、未实行医疗统筹企业职工医疗费用、职工供养直系亲属医疗补贴、供暖费补贴、职工防暑降温费、职工困难补贴、救济费、职工食堂经费补贴、职工交通补贴等。

（三）从事广告服务的企业，认定为小型微利企业的确认标准是什么？享受哪些企业所得税优惠?

答：小型微利企业是指从事国家非限制和禁止行业，且同时符合年度应纳税所得额不超过 300 万元、从业人数不超过 300 人、资产总额不超过 5 000 万元等三个条件的企业。

自 2019 年 1 月 1 日至 2021 年 12 月 31 日，对小型微利企业年应纳税所得额不超过 100 万元的部分，减按 25%计入应纳税所得额，按 20%的税率缴纳企业所得税；对年应纳税所得额超过 100 万元但不超过 300 万元的部分，减按 50%计入应纳税所得额，按 20%的税率缴纳企业所得税。

依据：《国家税务总局关于实施小型微利企业普惠性所得税减免政策有关问题的公告》（国家税务总局公告 2019 年第 2 号）第一条规定，自 2019 年 1 月 1 日至 2021 年 12 月 31 日，对小型微利企业年应纳税所得额不超过 100 万元的部分，减按 25%计入应纳税所得额，按 20%的税率缴纳企业所得税；对年应纳税所得额超过 100 万元但不超过 300 万元的部分，减按 50%计入应纳税所得额，按 20%的税率缴纳企业所得税。

小型微利企业无论按查账征收方式或核定征收方式缴纳企业所得税，均可享受上述优惠政策。

第二条规定，本公告所称小型微利企业是指从事国家非限制和禁止行业，且同时符合年度应纳税所得额不超过 300 万元、从业人数不超过 300 人、资产总额不超过 5 000 万元等三个条件的企业。

（四）从事广告服务的企业发生的通信费、职工交通补贴如何进行税前扣除？

答：企业为职工提供的通信、交通待遇，实行货币化改革的，按月按标准发放或支付的通信、交通补贴，应纳入职工工资总额准予扣除；尚未实行货币化改革的，企业发生的相关支出作为职工福利费管理。

依据：《2018 年度企业所得税汇算清缴问题解答》第八条。

（五）从事广告服务的企业只为高级管理人员支付的补充养老保险费和补充医疗保险费能否在税前扣除？

答：企业仅为高级管理人员支付的补充养老保险和补充医疗保险，通过工资薪金科目核算并依法代扣代缴个人所得税的，可在税前扣除。

依据：《财政部 国家税务总局关于补充养老保险费、补充医疗保险费有关企业所得税政策问题的通知》（财税〔2009〕27 号）规定，自 2008 年 1 月 1 日起，企业根据国家有关政策规定，为在本企业任职或者受雇的全体员工支付的补充养老保险费、补充医疗保险费，分别在不超过职工工资总额 5%标准内的部分，在计算应纳税所得额时准予扣除；超过的部分，不予扣除。

（六）从事广告服务的企业发生的取暖费、防暑降温费如何进行税前扣除？

答：企业发放的冬季取暖补贴、集中供热采暖补助费、防暑降温费，在职工福利费中列支。按职务或职称发放的集中供热采暖补贴应纳入职工工资总额，准予扣除。

依据：《2018 年度企业所得税汇算清缴问题解答》第九条。

（七）从事广告服务的企业发生的房屋装修费如何税前扣除？

答：企业对房屋、建筑物进行装修发生的支出，应作为长期待摊费用，自支出发生月份的次月起，分期摊销，摊销年限不得低于 3 年。若实际使用年限少于 3 年的，依据相关凭证，将剩余尚未摊销的装修费余额在停止使用当年一次性扣除。

依据：《2018 年度企业所得税汇算清缴问题解答》第二十一条规定。

（八）从事广告服务的企业购置 5 000 元以下的固定资产是否可以一次性扣除？如果一次性扣除，是否需要去税务机关办理备案手续？

答：对所有行业企业持有的单位价值不超过 5 000 元的固定资产，允许一次性计入当期成本费用在计算应纳税所得额时扣除，不再分年度计算折旧。

企业享受优惠事项采取“自行判别、申报享受、相关资料留存备查”的办理方式。企业应当根据经营情况以及相关税收规定自行判断是否符合优惠事项规定的条件，符合条件的可以按照《企业所得税优惠事项管理目录（2017 年版）》列示的时间自行计算减免税额，并通过填报企业所得税纳税申报表享受税收优惠。同时，按照本办法的规定归集和留存相关资料备查。

依据：《财政部 国家税务总局关于完善固定资产加速折旧企业所得税政策的通知》（财税〔2014〕75 号）第三条规定，对所有行业企业持有的单位价值不超过 5 000 元的固定资产，允许一次性计入当期成本费用在计算应纳税所得额时扣除，不再分年度计算折旧。

《国家税务总局关于发布修订后的〈企业所得税优惠政策事项办理办法〉的公告》(国家税务总局公告 2018 年第 23 号)第四条规定，企业享受优惠事项采取“自行判别、申报享受、相关资料留存备查”的办理方式。企业应当根据经营情况以及相关税收规定自行判断是否符合优惠事项规定的条件，符合条件的可以按照《企业所得税优惠事项管理目录(2017 年版)》列示的时间自行计算减免税额，并通过填报企业所得税纳税申报表享受税收优惠。同时，按照本办法的规定归集和留存相关资料备查。

(九) 从事广告服务的企业发生的差旅费支出如何税前扣除?

答：一是纳税人可根据企业生产经营实际情况，自行制定本企业的差旅费报销制度，其发生的与经营活动相关的、合理的差旅费支出允许在税前扣除。

二是纳税人发生的与其经营活动有关的合理的差旅费，应能够提供证明其真实性的有效凭证和相关证明材料，否则，不得在税前扣除。差旅费的证明材料应包括：出差人员姓名、地点、时间、工作任务、支付凭证等。

依据：《2018 年度企业所得税汇算清缴问题解答》第十五条。

(十) 从事广告服务的企业职工食堂经费的税前扣除问题?

答：企业自办职工食堂经费补贴或未办职工食堂统一供应午餐支出，在职工福利费中列支。未统一供餐而按月发放的午餐费补贴，应纳入职工工资总额，准予扣除。

依据：《2018 年度企业所得税汇算清缴问题解答》第十四条。

(十一) 从事广告服务的企业持有 2019—2023 年发行的铁路债券取得的利息收入如何缴纳企业所得税?

答：对企业投资者持有 2019—2023 年发行的铁路债券取得的利息收入，减半征收企业所得税。

依据：《财政部 税务总局关于铁路债券利息收入所得税政策的公告》(财政部 税务总局公告 2019 年第 57 号)第一条规定，对企业投资者持有 2019—2023 年发行的铁路债券取得的利息收入，减半征收企业所得税。

第三条规定，铁路债券是指以中国铁路总公司为发行和偿还主体的债券，包括中国铁路建设债券、中期票据、短期融资券等债务融资工具。

(十二) 从事广告服务的企业将外购的货物用于职工福利，是否需要视同销售处理?

答：企业将外购的货物用于职工福利，在企业所得税上应当视同销售进行处理。

依据：《中华人民共和国企业所得税法实施条例》(中华人民共和国国务院令第 512 号)第二十五条规定，企业发生非货币性资产交换，以及将货物、财产、劳务用于捐赠、偿债、赞助、集资、广告、样品、职工福利或者利润分配等用途的，应当视同销售货物、转让财产或者提供劳务，但国务院财政、税务主管部门另有规定的除外。

(十三) 从事广告服务的企业按照合同约定收取的违约金，是否需要确认收入?

答：企业按照合同约定收取的违约金需要缴纳企业所得税。

依据：《中华人民共和国企业所得税法》(中华人民共和国主席令第 63 号)第六条第(九)款规定，企业以货币形式和非货币形式从各种来源取得的收入，为收入总额。包括：其他收入。

同时，依据《中华人民共和国企业所得税法实施条例》(中华人民共和国国务院令第512号) 第二十二条规定，企业所得税法第六条第九项所称其他收入，是指企业取得的除企业所得税法第六条第一项至第八项规定的收入外的其他收入，包括企业资产溢余收入、逾期未退包装物押金收入、确实无法偿付的应付款项、已作坏账损失处理后又收回的应收款项、债务重组收入、补贴收入、违约金收入、汇兑收益等。

(十四) 从事广告服务的小规模纳税人按季不超过30万元免征的增值税税款是否需要确认收入?

答：小规模纳税人按季不超过30万免征的增值税税款应计入企业当年收入总额按规定缴纳企业所得税。

依据：《财政部 国家税务总局关于财政性资金 行政事业性收费 政府性基金有关企业所得税政策问题的通知》(财税〔2008〕151号) 第一条第 (一) 款规定，企业取得的各类财政性资金，除属于国家投资和资金使用后要求归还本金的以外，均应计入企业当年收入总额。

本条所称财政性资金，是指企业取得的来源于政府及其有关部门的财政补助、补贴、贷款贴息，以及其他各类财政专项资金，包括直接减免的增值税和即征即退、先征后退、先征后返的各种税收，但不包括企业按规定取得的出口退税款。

(十五) 从事广告服务的企业给员工定制的工作服，发生的费用能否扣除?

答：给员工定制的工作服，发生的费用是可以扣除的。

依据：《国家税务总局关于企业所得税若干问题的公告》(国家税务总局公告2011年第34号) 第二条规定，企业根据其工作性质和特点，由企业统一制作并要求员工工作时统一着装所发生的工作服饰费用，根据《实施条例》第二十七条的规定，可以作为企业合理的支出给予税前扣除。

(十六) 从事广告服务的企业间支付的管理费能否扣除?

答：企业间的管理费不允许税前扣除。

依据：《中华人民共和国企业所得税法实施条例》(中华人民共和国国务院令第512号) 第四十九条规定，企业之间支付的管理费、企业内营业机构之间支付的租金和特许权使用费，以及非银行企业内营业机构之间支付的利息，不得扣除。

(十七) 从事广告服务的企业年底聚餐，计入福利费还是招待费，该如何扣除?

答：公司聚餐的支出可以作为福利费按比例扣除。

依据：《国家税务总局关于企业工资薪金及职工福利费扣除问题的通知》(国税函〔2009〕3号) 第三条规定，关于职工福利费扣除问题：《实施条例》第四十条规定的企业职工福利费，包括以下内容：

(1) 尚未实行分离办社会职能的企业，其内设福利部门所发生的设备、设施和人员费用，包括职工食堂、职工浴室、理发室、医务所、托儿所、疗养院等集体福利部门的设备、设施及维修保养费用和福利部门工作人员的工资薪金、社会保险费、住房公积金、劳务费等。

(2) 为职工卫生保健、生活、住房、交通等所发放的各项补贴和非货币性福利，包括企业向职工发放的因公外地就医费用、未实行医疗统筹企业职工医疗费用、职工供养直系亲属医疗补贴、供暖费补贴、职工防暑降温费、职工困难补贴、救济费、职工食堂经费补贴、职工交通补贴等。

（3）按照其他规定发生的其他职工福利费，包括丧葬补助费、抚恤费、安家费、探亲假路费等。

同时，依据《中华人民共和国企业所得税法实施条例》（中华人民共和国国务院令第512号）第四十条规定，企业发生的职工福利费支出，不超过工资薪金总额14%的部分，准予扣除。

（十八）从事广告服务的企业外购符合无形资产确认条件的财务软件，折旧或摊销年限是否可以缩短？

答：企业外购的软件，凡符合固定资产或无形资产确认条件的，可以按照固定资产或无形资产进行核算，其折旧或摊销年限可以适当缩短，最短可为2年（含）。

依据：《财政部 国家税务总局关于进一步鼓励软件产业和集成电路产业发展企业所得税政策的通知》（财税〔2012〕27号）第七条。

（十九）从事广告服务的企业员工因出差乘坐交通工具发生的人身意外保险支出，是否可以扣除？

答：员工出差乘坐交通工具发生的人身意外保险支出，准予扣除。

依据：《国家税务总局关于企业所得税有关问题的公告》（国家税务总局公告2016年第80号）第一条规定，关于企业差旅费中人身意外保险费支出税前扣除问题：企业职工因公出差乘坐交通工具发生的人身意外保险支出，准予企业在计算应纳税所得额时扣除。

（二十）从事广告服务的企业将旧的机动车交由政府部门处理，取得政府部门给予的一定补贴，该补贴收入是否需要缴纳所企业所得税？

答：企业将旧的机动车交由政府部门处理，取得政府部门给予的一定补贴，该补贴收入如果符合不征税收入条件，可在计算应纳税所得额时从收入总额中减除。不符合不征税收入条件的，应作为应税收入处理，按规定缴纳企业所得税。

依据：《财政部 国家税务总局关于财政性资金 行政事业性收费 政府性基金有关企业所得税政策问题的通知》（财税〔2008〕151号）第一条第（三）款规定，本条所称财政性资金是指企业取得的来源于政府及其有关部门的财政补助、补贴、贷款贴息，以及其他各类财政专项资金，包括直接减免的增值税和即征即退、先征后退、先征后返的各种税收，但不包括企业按规定取得的出口退税款。

《财政部 国家税务总局关于专项用途财政性资金企业所得税处理问题的通知》（财税〔2011〕70号）第一条规定，企业从县级以上各级人民政府财政部门及其他部门取得的应计入收入总额的财政性资金，凡同时符合以下条件的，可以作为不征税收入，在计算应纳税所得额时从收入总额中减除：

（1）企业能够提供规定资金专项用途的资金拨付文件；

（2）财政部门或其他拨付资金的政府部门对该资金有专门的资金管理办法或具体管理要求；

（3）企业对该资金以及以该资金发生的支出单独进行核算。

（二十一）从事广告服务的企业持有的固定资产评估增值是否需要缴纳企业所得税？

答：企业持有的固定资产评估增值不需要缴纳企业所得税。

依据：《国家税务总局关于确认企业所得税收入若干问题的通知》[国税函（2008）875号] 第一条第（一）款规定，除企业所得税法及实施条例另有规定外，企业销售收入的确认，必须遵循权责发生制原则和实质重于形式原则。

企业销售商品同时满足下列条件的，应确认收入的实现：

（1）商品销售合同已经签订，企业已将商品所有权相关的主要风险和报酬转移给购货方；

（2）企业对已售出的商品既没有保留通常与所有权相联系的继续管理权，也没有实施有效控制；

（3）收入的金额能够可靠地计量；

（4）已发生或将发生的销售方的成本能够可靠地核算。

（二十二）从事广告服务的企业发生政策性搬迁，取得的土地补偿款收入，是否属于搬迁收入？

答：企业取得的土地补偿款属于搬迁收入。

依据：《国家税务总局关于发布企业政策性搬迁所得税管理办法的公告》（国家税务总局公告2012年第40号）第六条规定，企业取得的搬迁补偿收入，是指企业由于搬迁取得的货币性和非货币性补偿收入。具体包括：

（1）对被征用资产价值的补偿；

（2）因搬迁、安置而给予的补偿；

（3）对停产停业形成的损失而给予的补偿；

（4）资产搬迁过程中遭到毁损而取得的保险赔款；

（5）其他补偿收入。

（二十三）从事广告服务的企业接受股东赠予的资产，作为企业注册资金，是否需要确认收入？

答：企业接收股东划入资产（包括股东赠予资产、上市公司在股权分置改革过程中接收原非流通股股东和新非流通股股东赠予的资产、股东放弃本企业的股权，下同），凡合同、协议约定作为资本金（包括资本公积）且在会计上已做实际处理的，不计入企业的收入总额，企业应按公允价值确定该项资产的计税基础。

依据：《国家税务总局关于企业所得税应纳税所得额若干问题的公告》（国家税务总局公告2014年第29号）第二条第（一）款。

三、广告服务行业征收管理问题汇编

（一）新设立的广告公司，有纳税信用等级吗？

答：增设M级纳税信用级别，纳税信用级别由A、B、C、D四级变更为A、B、M、C、D五级。新设立企业适用M级纳税信用。

依据：《国家税务总局关于纳税信用评价有关事项的公告》（国家税务总局公告2018年第8号）第三条第（一）款规定，增设M级纳税信用级别，纳税信用级别由A、B、C、

D 四级变更为 A、B、M、C、D 五级。未发生《信用管理办法》第二十条所列失信行为的下列企业适用 M 级纳税信用：新设立企业。

《国家税务总局关于发布〈纳税信用管理办法（试行）〉的公告》（国家税务总局公告 2014 年第 40 号）第二十条规定，有下列情形之一的纳税人，本评价年度直接判为 D 级：

（1）存在逃避缴纳税款、逃避追缴欠税、骗取出口退税、虚开增值税专用发票等行为，经判决构成涉税犯罪的；

（2）存在前项所列行为，未构成犯罪，但偷税（逃避缴纳税款）金额 10 万元以上且占各税种应纳税总额 10%以上，或者存在逃避追缴欠税、骗取出口退税、虚开增值税专用发票等税收违法行为，已缴纳税款、滞纳金、罚款的；

（3）在规定期限内未按税务机关处理结论缴纳或者足额缴纳税款、滞纳金和罚款的；

（4）以暴力、威胁方法拒不缴纳税款或者拒绝、阻挠税务机关依法实施税务稽查执法行为的；

（5）存在违反增值税发票管理规定或者违反其他发票管理规定的行为，导致其他单位或者个人未缴、少缴或者骗取税款的；

（6）提供虚假申报材料享受税收优惠政策的；

（7）骗取国家出口退税款，被停止出口退（免）税资格未到期的；

（8）有非正常户记录或者由非正常户直接责任人员注册登记或者负责经营的；

（9）由 D 级纳税人的直接责任人员注册登记或者负责经营的；

（10）存在税务机关依法认定的其他严重失信情形的。

（二）从事广告服务的企业开立了新的银行账号，未向税务机关报告是否有相关的处罚？

答：企业开立了新的银行账号，未向税务机关报告，由税务机关责令限期改正，逾期不改正的，按以下标准予以处罚：

（1）对单位处 2 000 元的罚款；

（2）对个体工商户处 500 元的罚款。

依据：《国家税务总局天津市税务局关于发布〈天津税务行政处罚裁量权实施办法（试行）〉的公告》（2018 年第 15 号）附件《天津税务行政处罚裁量基准（试行）》的规定。

（三）从事广告服务的企业是否可以申请办理停业登记？

答：企业不可以办理停业登记。

依据：《国家税务总局关于修改〈税务登记管理办法〉的决定》（国家税务总局令第 36 号）第二十三条规定，实行定期定额征收方式的个体工商户需要停业的，应当在停业前向税务机关申报办理停业登记。纳税人的停业期限不得超过一年。

（四）从事广告服务的小规模纳税人，财务报表是否可以选择按季度申报？

答：自 2019 年 4 月 1 日起，实行按季申报的增值税小规模纳税人，财务会计报表的报送期间改为按季申报，即季度终了后 15 日之内报送季度财务会计报表。

依据：《国家税务总局天津市税务局关于进一步简化小规模纳税人财务会计报表报送的公告》（国家税务总局天津市税务局公告 2019 年第 4 号）。

（五）从事广告服务的企业存在欠缴税款情形，是否影响其法定代表人出境？

答：欠缴税款的纳税人或者他的法定代表人需要出境的，应当在出境前向税务机关结清应纳税款、滞纳金或者提供担保。未结清税款、滞纳金，又不提供担保的，税务机关可以通知出境管理机关阻止其出境。

依据：《中华人民共和国税收征收管理法》（中华人民共和国主席令第 49 号）第四十四条。

四、广告服务行业个人所得税问题汇编

（一）从事广告服务的企业给员工发放的 2019 年全年一次性奖金，如何为其代扣代缴个人所得税？

答：居民个人取得全年一次性奖金，符合《国家税务总局关于调整个人取得全年一次性奖金等计算征收个人所得税方法问题的通知》（国税发〔2005〕9 号）规定的，在 2021 年 12 月 31 日前，不并入当年综合所得，以全年一次性奖金收入除以 12 个月得到的数额，按照本通知所附按月换算后的综合所得税率表，确定适用税率和速算扣除数，单独计算纳税。计算公式为：

应纳税额＝全年一次性奖金收入×适用税率－速算扣除数

居民个人取得全年一次性奖金，也可以选择并入当年综合所得计算纳税。

自 2022 年 1 月 1 日起，居民个人取得全年一次性奖金，应并入当年综合所得计算缴纳个人所得税。

依据：《财政部 税务总局关于个人所得税法修改后有关优惠政策衔接问题的通知》（财税〔2018〕164 号）第一条第（一）款。

（二）从事广告服务的企业是否需要对员工提供的专项附加扣除信息的真实性、准确性、完整性负责？

答：纳税人应对所提交信息的真实性、准确性、完整性负责。

依据：《国务院关于印发个人所得税专项附加扣除暂行办法的通知》（国发〔2018〕41 号）第二十五条规定，纳税人首次享受专项附加扣除，应当将专项附加扣除相关信息提交扣缴义务人或者税务机关，扣缴义务人应当及时将相关信息报送税务机关，纳税人对所提交信息的真实性、准确性、完整性负责。专项附加扣除信息发生变化的，纳税人应当及时向扣缴义务人或者税务机关提供相关信息。

（三）从事广告服务的企业是否需要将员工报送的《扣除信息表》留存备查？

答：纳税人报送给扣缴义务人的《扣除信息表》，扣缴义务人应当自预扣预缴年度的次年起留存五年。

依据：《国家税务总局关于发布〈个人所得税专项附加扣除操作办法（试行）〉的公告》（国家税务总局公告 2018 年第 60 号）第二十三条规定，纳税人应当将《扣除信息表》及相关留存备查资料，自法定汇算清缴期结束后保存五年。

纳税人报送给扣缴义务人的《扣除信息表》，扣缴义务人应当自预扣预缴年度的次年起留存五年。

主要参考文献

[1] 全国人大常委会法制工作委员会．中华人民共和国现行会计法律法规汇编．上海：立信会计出版社，2017.

[2] 企业会计准则编审委员会．企业会计准则案例讲解．上海：立信会计出版社，2020.

[3] 于桂莉．企业会计仿真实训．北京：清华大学出版社，2016.

[4] 郭景峥．互联网广告投放的会计实务处理．财会月刊，2016（13）：62－63.

[5] 黄亚男．“营改增”政策对广告业“文化事业建设费”影响探析．时代金融，2015（8）：243－245.

[6] 胡琯寰．报业广告收入确认与广告应收款管理．财会通讯，2010（10）：145－146.

[7] 刘红．当权责发生制遇上“营改增”——浅谈两次变革对报业广告收入核算与管理的影响．齐鲁珠坛，2014（5）：52－55.

[8] 肖河背，刘厚兵．广告费税前扣除政策及筹划分析．注册税务师，2013（1）：30－32.

[9] 邬明旻．广告业的税务筹划．财会学习，2016（4）：133－134.

[10] 陈陆新．基于新会计准则下的广告行业税收筹划．中国管理信息化，2014（10）：59.

[11] 杨玉稳．新税法下广告业税务筹划．财会通讯，2009（4）：135.

[12] 罗丹．浅谈权责发生制下的广告业务会计核算．财务与会计，2016（15）：68.

[13] 蒋泽生，基础会计模拟实训．5版．北京：中国人民大学出版社，2019.